Franck
Rhetorik für Wissenschaftler

D1668648

Rhetorik für Wissenschaftler

Selbstbewusst auftreten, selbstsicher reden

von

Dr. Norbert Franck

Verlag Franz Vahlen München

**VERLAG
VAHLEN**
MÜNCHEN
www.vahlen.de

Die Deutsche Bibliothek – CIP-Einheitsaufnahme

Franck, Norbert:
Rhetorik für Wissenschaftler : selbstbewusst auftreten,
selbstsicher reden / von Norbert Franck. – München :
Vahlen, 2001
ISBN 3-8006-2613-6

ISBN 3 8006 2613 6

© 2001 Franz Vahlen GmbH
Wilhelmstr. 9, 80801 München
Satz: Fotosatz, H. Buck, Kumhausen
Druck und Bindung: Druckhaus Nomos
In den Lissen 12, 76547 Sinzheim
Umschlag: Hoffmann's Text Office, München
Gedruckt auf säurefreiem, alterungsbeständigem Papier
(hergestellt aus chlorfrei gebleichtem Zellstoff)

Inhalt

Verzeichnis der Abbildungen

Einleitung

Ich leite Bewerbungstrainings für Nachwuchswissenschaftler und angehende Hochschullehrerinnen. Der erste Satz in einem Vorstellungsgespräch ist entscheidend für die Eindrucksbildung.

Zwei Sätze. Und Sie (oder wir) sind schon mitten drin im Thema: Darf, kann oder soll man mit *ich* anfangen? Darf, kann oder soll man mit einer Behauptung beginnen?

Ja, man darf und kann mit *ich* anfangen – wenn es um die eigene Person geht.

Ja, man darf und kann mit einer Behauptung beginnen – wenn man seiner Sache sicher ist.

Kann, darf oder soll man *einfach so* in ein Thema hineinspringen? Wo bleibt die Definition von Rhetorik? Muss in einer Einleitung nicht das Thema hergeleitet, abgegrenzt und eingegrenzt werden?

Ja. Man darf und kann *einfach so* zur Sache kommen – wenn man in der Lage ist, einen Bogen zu schlagen von mitten drin zu einem systematischen Beginn. Und man sollte überlegen, warum man fragt, ob man *darf, kann* oder *soll*.

Ich hätte auch so anfangen können:

Rhetorik (vgl. grundlegende Ueding 1992, 1996, Ueding, Steinbrink 1994) hat mit der Wiederbelebung der Diskussion um die Qualität der Lehre (vgl. Arnold 1998, Osterloh 1996, Webler 1993; s.a. als frühe Dokumente Huber 1970, Bundesassistenzkonferenz 1970) an Bedeutung sowohl für die Doktorandenausbildung (vgl. HRK 1992, 1996) als auch für die Weiterbildung von Habilitandinnen und Habilitanden (vgl. Neumann, Osterloh 1998, s.a. PROLEHRE 1999) an Bedeutung gewonnen.

Wahrscheinlich hätten Sie sich sofort auf vertrautem Terrain gefühlt. Hätten Sie sich auch wohlgefühlt?

Ich hätte auch Autoritäten bemühen können – zum Beispiel einen alten Römer, einen deutschen Klassiker oder einen US-Topmanager:

„Reden lernt man durch Reden." (Cicero)

„Zum Werke, das wir ernst bereiten,
Geziemt sich wohl ein ernstes Wort;
Wenn gute Reden sie begleiten,

dann fließt die Arbeit munter fort."
(Schiller: Das Lied von der Glocke)

„Ich bin an allen vorbeigezogen. Warum? Man muß mit den Leuten reden können, ganz einfach." (Lee Iacocca, bis 1992 Chairmann bei *Chrysler*)

Ich meine: *Sie* haben nichts von solchen Zitaten. Und *ich* habe es nicht nötig, Belesenheit zu demonstrieren. Wann hat man es nötig? Oder ist die Frage falsch gestellt? Ich lasse sie – vorläufig – unbeantwortet (mehr dazu im ersten Kapitel).

Ich als erstes Wort eines Textes (oder Vortrags), eine entschiedene Behauptung vor einer Definition oder dem Nachweis, dass man den *state-of-the-art* kennt, sind zwei Facetten dessen, worum es in diesem Buch geht. Worum geht es noch? Um diese Frage zu beantworten, kehre ich zum Ausgangspunkt zurück, zu den Bewerbungstrainings.

Was Sie erwarten können

In den Trainings halten die Teilnehmerinnen und Teilnehmer einen Vortrag. Ich zitiere den Anfang eines Vortrags einer wissenschaftlichen Mitarbeiterin, Doktorandin der Wirtschaftswissenschaften:

„Mein Thema lautet Personal- und Organisationsaspekte im Geschäftsprozeßmanagement.

Im Vordergrund steht dabei die Modularisierung von Organisationsstrukturen, wobei Modularisierung mit Picot, Reichwald und Wigand verstanden wird als – Zitat – ‚eine Restrukturierung der Unternehmensorganisation auf der Basis integrierter, kundenorientierter Prozesse in relativ kleine, überschaubare Einheiten, sog. Module. Diese zeichnen sich durch dezentrale Entscheidungskompetenz und Ergebnisverantwortung aus, wobei die Koordination zwischen Modulen verstärkt durch nicht hierarchische Koordinationsformen erfolgt' (1998, S. 201) – Zitat-Ende.

Geschäftsprozeßmanagement kann definiert werden als …"

Dieser Anfang lässt sich, wie jeder Geschäftsprozess, optimieren. Wie er verbessert werden kann und warum er unbedingt verbessert werden sollte, darum geht es im Kapitel über den Vortrag, in dem

- die interessante Einleitung,
- der gelungene Schluss,
- die zielgerichtete Vorbereitung,
- der Anfang, der für Aufmerksamkeit sorgt,

- das Stehen und Sitzen, die Gestik und Mimik, das Sprechen und Schweigen,
- kleine Pannen beim Vortragen,
- das Manuskript und
- der Einsatz von Medien

im Mittelpunkt stehen.

Vortrag ist nicht gleich Vortrag: Der Lehrvortrag vor Studierenden passt nicht auf einen Kongress, an dem Expertinnen und Experten teilnehmen, und umgekehrt. Die Probevorlesung ist keine Antrittsvorlesung. Vorträge sollten situationsangemessen und teilnehmerorientiert sein. Deshalb gehe ich im zweiten Kapitel auf unterschiedliche Vortragsanlässe und die Frage ein, welche Konsequenzen sich daraus für den Inhalt und den Stil eines Vortrags ergeben.

In meinen Bewerbungs- und Rhetoriktrainings schließt sich an die Vorträge eine Fragerunde an, in der ich ein halbes Dutzend Fragen zum Vortrag stelle. Präziser: Ob ich tatsächlich Fragen zum *Vortrag* stelle und ob die Fragen wirklich *Fragen* sind, müssen die Teilnehmerinnen und Teilnehmer beurteilen und versuchen, angemessen zu antworten.

In einem meiner Trainings lautete die erste Frage an Joachim W., Privatdozent der Betriebswirtschaft: „Hat Ihnen Ihr Vortrag gefallen?" Nach einem deutlich hörbaren Seufzer antwortete der Experte für Logistik: „Vielleicht hätte ich die eine oder andere Beweisführung als bekannt voraussetzen und mich mehr auf meine eigentliche Beweisführung konzentrieren sollen."

Meine Alternative: Mit *Ja* antworten – statt mögliche Schwächen einzuräumen. Warum, das erfahren Sie im dritten Kapitel. Dort finden Sie unter anderem Hinweise, wie Sie gelassen und angemessen reagieren können, wenn andere Sie

- kritisieren,
- aus dem Konzept bringen oder
- einschüchtern wollen.

Ein *gelassenes* „Ja" auf eine Frage, die verunsichern soll, und ein *interessanter* Vortragsanfang – die beiden Adjektive stehen für die Schlüsselbegriffe dieses Leitfadens: *selbstbewusst* und *Rhetorik*. Es geht um eine Haltung und um Handwerk. Ein interessanter Anfang oder ein gelungener Schluss sind Handwerk, das sich lernen lässt. Und wer sein oder ihr Handwerk beherrscht, hat gute Voraussetzungen, um selbstbewusst aufzutreten. Wer über eigene Kriterien für interessant, gelungen, angemessen, zutreffend usw. verfügt, ist weniger abhängig von Fremdurteilen – und das heißt: selbstsicher.

Ist das Ihr Ernst, Herr Franck?
Ja.

Aber haben Sie nicht auch den Eindruck, lieber Herr Franck, dass Sie die wissen-
schaftliche Argumentation einer populären Darstellung opfern?
Ich würde mich freuen, wenn es mir gelungen ist, mich verständlich auszudrücken.

Einen (vermeintlichen) Vorwurf – populäre Darstellung – als Tugend zu interpretieren, ist rhetorisches Handwerk. Wer dieses Handwerk gelernt hat,
kann in schwierigen Situationen Ruhe bewahren und selbstsicher reagieren
– zum Beispiel einen Vorwurf „überhören" statt sich zu rechtfertigen.

Damit der Leitfaden kein Leidfaden wird

In den Trainingspausen sind (die ersten) Lehrerfahrungen stets ein zentrales Gesprächsthema. Selten wird Erfreuliches berichtet. Häufig wird ge-
klagt. Unzufriedenheit ist die Regel. Ich gebe – in meinen Worten – die
Schilderung einer Lehrbeauftragten wieder, die in Soziologie promoviert:

Drei Studenten im vierten Semester halten ein Gemeinschaftsreferat: *Grundrichtun-*
gen der Soziologie – Die Systemtheorie von Niklas Luhmann. Keine leichte Kost, zumal
die drei ausführlich aus Luhmanns Veröffentlichungen zitieren. Im Seminarraum
wird es von Minute zu Minute unruhiger. Benita K. greift ein: „Ich will die unterschiedliche Bedeutung des Begriffs *Kommunikation* bei Luhmann und bei Habermas,
über den wir beim letzten Mal gesprochen haben, noch einmal grob zusammenfassen: Für Luhmann ist Kommunikation in erster Linie eine Engstelle; für Habermas
ist Kommunikation ein Medium der Verständigung. Ich will den Luhmann heute
noch mit allen diskutieren. Wir haben aber nur noch wenig Zeit. Und die dahinten
reden in einer Tour. Torsten haben sie verstanden, was Klaus über soziale Systeme
als Systeme sinnhafter Kommunikation referiert hat?"

Lehralltag. Leidensalltag. Torsten kann nun wirklich nichts dafür, das Benita K. Schwierigkeiten mit der Lehre hat. Und abgefragt wie in der Schule
wird er schon gar nicht gerne. Benita K., die ihre zweite Lehrveranstaltung
durchführt, ist nicht verantwortlich, dass die drei Studenten ein langweili-
ges Referat halten. Wahrscheinlich hat ihnen niemand Anregungen gegeben, wie sie ein Referat so aufbauen und vortragen können, dass keine Unruhe im Seminar entsteht.

Im dritten Kapitel finden Sie Hinweise, warum die Frage, „Torsten haben
Sie verstanden, was …" nicht zweckdienlich ist. Insofern erfahren Sie auch
etwas über Lehre. Hochschulunterricht steht jedoch nicht im Vordergrund
dieses Leitfadens. Im zweiten Kapitel plädiere ich dafür, die Vorausetzun-
gen und Interessen der Zuhörerinnen und Zuhörer bei der Vorbereitung eines Vortrags zu berücksichtigen. Wenn Sie das tun, werden Ihnen Studie-

rende dankbar sein. Insofern wäre eine Linderung des Leidensalltags erreicht. Die Kenntnisse und Interessen von Studierenden in der Lehre zu berücksichtigen, ist notwendig. Aber nicht hinreichend. Zur Vorbereitung eines Lehrvortrags gehört auch die Reflexion über Lernziele und die Fragen, wie die Komplexität eines Themas adäquat reduziert werden kann und welchen Stellenwert der Vortrag für die gesamte Lehrveranstaltung hat. Kurz: Der Leitfaden ist ein Angebot zur Erweiterung kommunikativer Kompetenzen – keine Anleitung für die Lehre.

Der Leitfaden hilft Ihnen,

- den nächsten Vortrag inhaltlich „rund" zu machen und interessant zu präsentieren,
- sich in Diskussionen mit Kolleginnen und Kollegen, mit Mitgliedern einer Berufungskommission zu behaupten,
- souverän mit Kritik umzugehen,
- sich von rhetorischen Tricks und Fangfragen nicht aus der Ruhe bringen zu lassen.

Im Mittelpunkt stehen Kenntnisse, Fähigkeiten und Fertigkeiten, die an der Hochschule selten vermittelt werden. Nach der Lektüre dieses Buches wissen Sie,

- was einen gelungenen Vortrag ausmacht,
- wie Sie einen guten Vortrag vorbereiten und halten,
- wie Sie in Diskussion strukturiert argumentieren und wissenschaftlich verbrämte „Attacken" gekonnt parieren können.

Und Sie werden – hoffe ich – die Frage, ob Sie sich *wohlfühlen* bei der Lektüre von Texten oder beim Zuhören von Vorträgen nicht deshalb für überflüssig halten, weil sie auf ein „außerwissenschaftliches" Kriterium zielt.

Ohne Konjunktiv und auch für Genies

Arbeitshilfen sind eine paradoxe Angelegenheit: Vor der Hilfe steht die Arbeit. Sie müssen meinen Text lesen und prüfen, ob meine Vorschläge Ihnen nützen. Das Prüfen ist wichtig, denn es gibt kein wissenschaftlich gesichertes Wissen über den *guten* Vortrag, keinen Königsweg zur *gelungenen* Präsentation und keinen Ariadnefaden durch das Labyrinth kommunikativer Prozesse. Das ist gewiss (vgl. Holstegge, Liebel 1993). Ich mache Ihnen plausible Angebote. In meinen Seminaren machen (Nachwuchs-) Wissenschaftlerinnen und Wissenschaftler mit meinen Angeboten gute Erfahrungen. In meinen Seminaren können meine Vorschläge praktisch erprobt und überprüft werden. Das sollten Sie auch tun.

Der vorangegangene Satz steht für ein Dilemma, das ich nicht aufgelöst habe: Ich mache Ihnen Angebote, und diese Angebote sind hin und wieder präskriptiv formuliert. Ich schreibe zum Beispiel im zweiten Kapitel: *Verwenden Sie* für Ihr Vortragsmanuskript die Schriftgröße 14. Das ist eine Empfehlung, die als Vorschrift daherkommt. Alternativen wären:

1. der Konjunktiv: *Es wäre nützlich, wenn Sie meine Vorschläge praktisch erproben würden.*
2. Oder: *Bei Vortragsmanuskripten ist die Schriftgröße 14 sinnvoll.*

Die erste Version ist umständlich. Wenn die Schriftgröße 14 sinnvoll ist, dann kann ich diese Größe empfehlen – und muss nicht auf Hilfsverben zurückgreifen (*ist* sinnvoll, *hat* sich bewährt) oder mit wortreichen Zusätzen den Text strecken (*Ich empfehle Ihnen*, für Ihr Vortragsmanuskript die Schriftgröße 14). Sie haben genug zu tun. Und wenn Sie sich an meine Empfehlungen – zum Beispiel für einen interessanten Vortragsanfang – halten, wird Ihnen das zunächst Mehrarbeit machen. Es gibt also keinen Grund, Ihnen auch noch mit umständlichen Formulierungen das Lesen zu erschweren.

Das sollten Sie auch tun – habe ich einige Zeilen zuvor geschrieben. Welches *Sie* hatte ich beim Schreiben vor Augen? Anders gefragt: An wen richtet sich der Leitfaden? Woran habe ich mich orientiert? An alle, die ihre Handlungskompetenzen erweitern *wollen*. Das sind nach meinen Erfahrungen in erster Linie Doktoranden und Habilitandinnen, Nachwuchswissenschaftler und angehende Hochschullehrerinnen. Ihre Erfahrungen im Wissenschaftsalltag, ihre Schwierigkeiten und Zwänge waren für mich beim Schreiben der zentrale Bezugspunkt. In meinen Seminaren bzw. Trainings stelle ich immer wieder fest, dass diese Schwierigkeiten in der Wirtschaftsinformatik nicht sonderlich anders sind als in der Anglistik, dass die Staatsrechtlerin beim Vortrag oder in der Diskussion mit ähnlichen Problemen zu kämpfen hat wie der Biologe oder die Soziologin – trotz unterschiedlicher Forschungsgegenstände.

Von der einen oder anderen Anregung wird auch profitieren, wer es zur Professur gebracht hat, denn „ein wenig Rhetorik hat auch dem Genie nie geschadet", und ihre Ausbildung beschädigt nicht den „Genieverdacht, den die meisten Hochschullehrer gegen sich hegen." (Daxner 1996: 113)

Allen Leserinnen und Lesern kann ich hoffentlich zeigen, dass sich auch ohne akademische Pos(s)e nützliches Wissen vermitteln lässt, und dass es nicht nur darauf ankommt, was Sie sagen (oder schreiben), sondern auch wie Sie etwas sagen (oder schreiben).

1 Selbstbewusst auftreten, selbstsicher reden

Ein wichtiger Fachkongress. Im Vortragssaal sind knapp zweihundert Menschen. Sie sitzen in der ersten Reihe. Auf dem Podium werden Sie gerade angekündigt. Ihre bisherige Arbeit wird gewürdigt, die Bedeutung Ihres Forschungsprojekts hervorgehoben und darauf hingewiesen, dass man gespannt der Veröffentlichung Ihrer Dissertation entgegensieht. Jetzt bittet man Sie ans Pult. Applaus.

Sie gehen forsch, aber nicht zu schnell, aufs Podium. Lächeln. Rücken das Mikrofon zurecht. Bedanken sich für die freundliche Einführung – und kommen zur Sache.	Ihre Hände sind feucht, Ihr Hals ist trocken, Ihr Herz rast. Sie eilen ans Redepult, rücken Ihre Krawatte oder den Kragen Ihrer Bluse zurecht – und …

Bitte lesen Sie auf der Seite 21 weiter.   Bitte lesen Sie dieses Kapitel.

Die Wahrheit liegt wohl – ausnahmsweise – in der Mitte. Wo liegt die Mitte, und was ist überhaupt die *Mitte*? Ich komme auf zwei kleinen mit Zitaten gesäumten Umwegen zur Ortsbestimmung.

Der erste Umweg – vier Auszüge aus einem Beitrag in der *Süddeutschen Zeitung*:

„Vertretern der Wirtschaft gibt der stockende Redefluß von Jungakademikern schon lange zu denken. Siemens entwickelte … ein überarbeitetes Anforderungsprofil für seine Ingenieure. Danach sind kommunikative, rhetorische und argumentative Fähigkeiten Grundvoraussetzungen für den zukünftigen Diplomingenieur."

Der Pressesprecher der Ludwig-Maximilian-Universität in München: An der Hochschule steht „die wissenschaftliche Ausbildung im Vordergrund … Es ist nicht Aufgabe der Uni, die Sprache auszubilden."

„Obwohl gerade für einen Anwalt rhetorisches Stehvermögen zum beruflichen Einmaleins gehört, wollen die juristischen Fakultäten nichts von der Notwendigkeit einer Rhetorikschulung wissen."

An der privaten Wissenschaftlichen Hochschule für Unternehmensführung (WHU) in Vallender bei Koblenz „ziehen sich Präsentations-, Bewerbungs- und Rhetoriktrainings durch alle Semester". (Brunner 1996)

Der zweite Umweg – drei Tipps zum Thema selbstbewusst auftreten:

1. In *Psychologie heute* wird folgendes „Hausrezept gegen Lampenfieber" empfohlen:

„Man mische 2 Eßlöffel Buerlecithin, 2 Eßlöffel Sanddornsaft, 25 Tropfen Zitronenöl." (Krüger 1993: 66)

Im *Handbuch Hochschullehre*, in dem das Ausrufezeichen regiert, heißt es:

„Essen Sie einen Apfel – er enthält den angstlösenden Wirkstoff Pektin!" (Drews 1997: 12)

2. „Versuchen Sie", raten Glaser und Smalley allen, die Vorträge halten, „gleich am Anfang das Eis zu brechen", denn „ein Publikum entscheidet innerhalb der ersten 90 Sekunden, ob ein Vortrag gut sein wird oder nicht." (1998: 56)

3. Von den gleichen Autorinnen stammt der Tip, an Murphys Gesetz zu denken und auf Unvorhergesehenes vorbereitet zu sein. Das geht so:

    Bei einem „hochoffiziellen Bankett" hielt die Vorsitzende die Auftaktrede. „Alle waren in eleganter Abendgarderobe, so auch die Vorsitzende. Während sie sprach, machte sie eine ungeschickte Bewegung, worauf prompt der Rückenreißverschluß ihres Kleides der Länge nach aufriß. Völlig ungerührt beendete sie ihre Ansprache, winkte dann einige der in der Nähe stehenden Offiziellen herbei und bat sie, ihre Namensschilder abzumachen und ihr diese als Provisorium für den Reißverschluß anzustecken." (Glaser, Smalley 1998: 59)

Ratschläge sind oft Schläge. Es ist richtig: Die ersten 90 Sekunden eines Vortrags sind wichtig. Würden die Zuhörerinnen und Zuhörer Glaser und Smalley folgen, müssten alle verzweifeln, die drei bis vier Minuten brauchen, bis sie bei einem Vortrag ruhig und sicher werden: Zu spät, das Urteil des Publikums steht bereits fest.

Zum Glück gib es keinen Anlass zur Verzweiflung: Es ist schlicht Blödsinn zu behaupten, ein halbwegs gebildetes Publikum käme innerhalb von eineinhalb Minuten zu einem festen (Vor-)Urteil über die Qualität eines Vortrags. Die Aussage über das Schnell-Urteil impliziert, niemand würde sich für den Inhalt eines Vortrags interessieren, allen ging es nur um den gelungenen oder misslungenen Anfang. Wer sich – im Unterschied zu Studierenden – Vorträge nicht anhören muss, geht in der Regel aus Interesse an der Sache zu einem Vortrag.

Ich bewundere die Vorsitzende, die trotz des Malheurs mit dem Rückenreißverschluss (ein wunderschönes Wort, nur noch – neudeutsch formuliert – zu topen durch: Rückenreißverschlussmalheur) ihre Rede „ungerührt" fortgesetzt hat. Ich wäre sicher irritiert gewesen. Vielleicht wäre mir die Formulierung eingefallen, „bevor ich halbnackt fortfahre, bitte ich sie, mir mit einer Sicherheitsnadel aus der Klemme zu helfen." Vielleicht. Vielleicht sollte ich künftig außer meinem Manuskript auch Sicherheitsnadeln zu Vorträgen mitnehmen. Oder ist es sogar ratsam, mit einer Ersatzgarderobe zu Vorträgen zu reisen? Schließlich könnte uns im Zug jemand Kaffee über die Hose schütten oder Senf auf das Kleid kleckern.

Gut gemeint ist das Gegenteil von gekonnt. Die Was-mache-ich-wenn-Spirale ist unendlich und kann zur Verzweiflung führen. Dagegen ist der Rat, einen Apfel zu essen, enorm hilfreich. Sicher ist es sinnvoll, für „Standardpannen" gerüstet zu sein: Ein Zug kann Verspätung haben – also Zeitreserven einplanen. Kopierer gehen kaputt – also das Handout zum Vortrag nicht auf den letzten Drücker kopieren. Aber der Versuch, sich auf *Unvorhergesehenes* vorbereiten zu wollen, ist logisch betrachtet unsinnig und psychologisch betrachtet selbstschädigend.

Vorhersehbar ist, dass ein Vortrag einen Anfang hat. Und der Anfang ist eine besondere Herausforderung. Das sollte man wissen. Und man sollte wissen, worin diese Herausforderung besteht, und wie sie bewältigt werden kann (darum geht es auf der Seite 27 ff.). Das kann sicherer machen. Vorhersehbar ist für viele allerdings auch, dass sich trotzdem Nervosität, Unsicherheit oder Lampenfieber einstellt.

Was tun, wenn Sie eine oder einer der Vielen sind?

1.1 Selbstbewusst auftreten: Sich nicht überfordern

Die Struktur meiner Antwort ist Ihnen vertraut:

Analyse

⇩

Bewertung

⇩

Schlussfolgerung

Sie kennen wahrscheinlich aus Ihrer Schulzeit den Spruch, „wenn alle schweigen und einer spricht, dann nennt man das Unterricht". Der auf die Schule gemünzte Satz trifft auch auf viele Lehrveranstaltungen zu. In Seminaren und Übungen beteiligen sich häufig nur wenige Studierende an der Diskussion. In manchen Studiengängen kommt man ohne ein Referat durchs Studium. In den Fächern, in denen Referate verlangt werden, beschränken sich Rückmeldungen meist auf den Inhalt der Referate; das *Referieren* bleibt unkommentiert, über das Reden wird nicht gesprochen.

Hochschulen sind keine kommunikationsfördernden Institutionen – und wollen es zum Teil auch nicht sein. Das Zitat des Presse*sprechers* auf der Seite 7 ist dafür ebenso ein Indiz wie die regelmäßigen Klagen von Unternehmensverbänden über die unzureichenden kommunikativen Kompetenzen von Hochschulabolventinnen und Hochschulabsolventen. Im Zentrum steht der Inhalt, die Sache. Wer die Sache beherrscht, kann sie jedoch noch lange nicht kommunizieren. Trotzdem halten viele Hochschullehrerinnen und Hochschullehrer an der Fiktion fest, wer *wissenschaftlich ausgewiesen* sei, lehre auch gut. Deshalb ist die Chance gering, in Hörsälen gelungene Vorträge zu erleben. In den Naturwissenschaften zum Beispiel besuchen viele Studierende Vorlesungen nicht in der Erwartung, etwas zu lernen. Sie sitzen 90 Minuten ab um zu wissen, „was drangekommen ist". Der Stoff ist im Lehrbuch allemal besser aufbereitet, und Verständnisfragen werden im Tutorium (anderenorts im Repetitorium oder Klausurkurs) geklärt.

Diese Erfahrung kann zynisch machen – wie ein makaberer Witz belegt, der unter Studierenden populär ist: Eine Lehrerin, ein Hochschullehrer und eine Studentin liegen im Sterben. Sie werden nach ihrem letzten Wunsch gefragt. Die Lehrerin will ein großes, saftiges Steak. Der Hochschullehrer will noch einmal einen Vortrag halten. Die Studentin will vor dem Vortrag sterben.

Hochschulen sind seltsame Institutionen. Am Ort der Wissenschaft werden die Voraussetzungen des Wissenschaftsbetriebs nur unzureichend reflektiert. Von Nachwuchswissenschaftlerinnen und angehenden Hochschullehrern wird erwartet, dass sie Diskussionen leiten bzw. moderieren, Sachverhalte verständlich präsentieren und Probevorlesungen didaktisch aufbereiten können. Es werden Fähigkeiten vorausgesetzt, die systematisch vermittelt und geübt werden müssten. Doch niemand, die wenigen Ausnahmen bestätigen die Regel, kümmert sich darum.

Fehlt die Erfahrung, Übung und Routine

- mit Vorträgen,
- mit Diskussionen in großer (Experten-)Runde,
- mit dem Reden vor dem Mikrofon,
- im Umgang mit versierten Bluffern, Vielrednern, Besserwissern usw.,

sind Aufregung, Anspannung, Nervosität eine normale Stressreaktion. Das ist nicht angenehm, aber wichtig zu wissen. Es bedeutet, sich seiner Situation bewusst, selbstbewusst zu sein.

Wenn Sie sich zum ersten Mal am Berg abseilen oder nach einigen Übungsstunden im Swimmingpool im offenen Meer tauchen, sind Sie aufgeregt, nervös, angespannt oder unsicher. Sie wollen Klettern oder Tauchen lernen. Sie nehmen die Aufregung, Nervosität, Anspannung oder Unsicherheit auf sich, weil Sie erfolgszuversichtlich sind, und Sie antizipieren die Freude, wenn Sie *richtig* Klettern bzw. Tauchen können. Erfolgszuversicht und Vorfreude lassen Sie Risiken eingehen.

Sie wissen: Tauchen oder Abseilen müssen Sie lernen. Reden auch. Wenn Sie sich einräumen, dass Sie *lernen* müssen, Vorträge zu halten, Workshops zu moderieren und Diskussionen zu leiten, sind Sie selbstbewusst. Wenn Sie von sich verlangen, dass Sie es *können* müssen, überfordern Sie sich. Gedanken, Ideen oder Argumente in eine für Zuhörerinnen und Zuhörer verständliche und interessante Form zu bringen, muss geübt werden. Diese Fähigkeit ist kein Zufallsprodukt der Auseinandersetzung mit Betriebs- oder Volkswirtschaft, Jura oder Romanistik.

Was passiert eigentlich im Körper, wenn wir aufgeregt sind, wenn wir Lampenfieber haben, weil wir im „Rampenlicht" stehen (das im Theater früher „die Lampen" hieß – man brachte „den *Wallenstein* vor die Lampen")? In bedrohlichen Situationen wird vermehrt Adrenalin und Noradrenalin freigesetzt. Diese Hormone ermöglichen dem Körper schlagartig Hochleistungen. Zugleich schränken sie die Denkfähigkeit ein. Für die Selbsterhaltung ist diese Stressreaktion biologisch sinnvoll. Der Vogel, der erst lange „überlegt", wie er sich gegenüber der nahenden Katze verhalten soll, lebt nicht mehr lange. Die Taucherin, die ausführlich das Für und Wider des Auftauchens abwägt, wenn ihr Sauerstoffvorrat zu Ende geht, bringt sich in Lebensgefahr.

Vor anderen zu reden, ist keine körperliche Bedrohung. Warum stellt sich trotzdem häufig die geschilderte Reaktion ein? Aus drei Gründen:

1. Erfahrung und Routine fehlen;
2. von einem Vortrag oder einer „Aussprache" kann viel abhängen – zum Beispiel eine Stelle oder eine Berufung;
3. anders als beim Klettern oder beim Tauchen stellt sich die Erfolgszuversicht nicht ein.

Diese drei Faktoren wirken in zahlreichen Situationen zusammen – mit unterschiedlichen Ergebnissen. Ein Beispiel:

Als ich meinen Führerschein machte, war ich vor der Fahrprüfung nervös. Mir fehlte auch nach 23 Fahrstunden noch die Sicherheit und Routine. Und ich war aufgeregt, weil es um etwas ging, um die Erlaubnis Auto zu fahren. Darauf war ich mit neunzehn, wie ich es damals ausgedrückt habe, *scharf*.

Ich bin durchgefallen und war traurig und ärgerlich. Nach einem Tag war ich darüber weg: Die Welt ging nicht unter (nur mein Kontostand runter). Im zweiten Anlauf habe ich es geschafft.

Ich verallgemeinere dieses Beispiel: Entscheidend ist die Bewertung einer Situation bzw. Anforderung.

Die Führerscheinprüfung war für mich Mittel zum Zweck. Mehr nicht. Auto fahren *können* war (und ist) für mich keine prestigebesetzte Qualifikation. Mir ist wichtig, gut Auto fahren zu können, weil mir mein Leben lieb ist. Auf das Lob, ein guter Autofahrer zu sein, kann ich verzichten.

Ein anderes Beispiel. Sie kennen folgendes Phänomen: Viele Akademikerinnen und Akademiker kokettieren damit, dass sie von Mathematik *überhaupt keine Ahnung haben*. Je weiter die eigene Disziplin von der Mathematik inhaltlich entfernt ist, desto größer ist die Wahrscheinlichkeit, dass bei jeder passenden oder unpassenden Gelegenheit das Bekenntnis abgelegt wird, von Mathematik *überhaupt keine Ahnung* zu haben.

Wer so spricht, mag Mathematik nicht und braucht Mathematik (scheinbar) nicht. Wer so spricht, macht eine Voraussetzung: Niemand verlangt oder erwartet, dass ich in Mathematik fit sein muss.

Es ist mir nicht peinlich, dass ich nicht kochen kann. Viele meiner Bekannten würden gerne Klavier oder Saxophon spielen können. Es schmälert nicht ihr Selbstwertgefühl, dass sie es nicht können. Sie haben vielleicht noch nie im Internet gesurft und kokettieren mit dieser Erfahrungslücke (weil Ihre Quellen in Archiven und nicht im Netz zu finden sind und in Ihrer Zunft *Prepublishing* unbekannt ist).

Kurz: Mathematische, kulinarische, musikalische und Medien-Kompetenzen sind in diesen Beispielen nicht wichtig für das eigene Selbstwertgefühl.

Das ist beim Reden vor einem großen (Fach-)Publikum für viele anders. Die eigene Bewertung bewegt sich zwischen zwei Polen: Selbstbewusstsein und Selbstüberforderung.

Selbstbewusst heißt – als stiller Dialog formuliert:

- Ich habe keine Routine. Deshalb ist der nächste Vortrag eine gute Übungsmöglichkeit.
- Ich will in der vorgegeben Zeit mein Thema präzise und verständlich vortragen. Rhetorische Glanzleistungen hebe ich mir für den (über-)nächsten Vortrag auf.

Selbstüberforderung meint die Anforderung, keine Fehler machen zu dürfen, perfekt sein zu müssen. Selbstüberforderung wird durch Gebote und Verbote gesteuert:

- Ich darf nicht rot werden.
- Ich muss sicher sein.
- Mir darf kein Satz verunglücken.
- Ich muss 45 Minuten ohne Versprecher bestreiten.

Das sind hausgemachte Vorschriften. Was wird tatsächlich verlangt? Verlangt wird

- ein strukturierter Vortrag – kein perfekter „Auftritt",
- ein verständlicher Vortrag – kein rhetorisches „Feuerwerk",
- Sachkenntnis – keine Perfektion.

Nobody is perfect. Und niemand hält einen Versprecher oder einen verunglücken Satz für eine Katastrophe oder eine Zumutung. Im Wissenschaftsbetrieb sind rhetorische Glanzleistungen rar. Die meisten – vor allem Studierende – sind zufrieden, wenn ein Vortrag „Hand und Fuß" hat, wenn ein Diskussionsbeitrag verständlich ist oder zum Nachdenken anregt. Wenn dann noch die OH-Folien zweckdienlich und lesbar sind und ein informatives Handout verteilt wird, ist das mehr als in der Regel geboten wird.

Deshalb ist es offenkundig nicht die Anforderung selbst, die beunruhigt. Vielmehr bereiten die *Vorstellungen* über die Anforderung Unbehagen. Diese Vorstellungen rufen Gefühle hervor. Beruhen unsere Vorstellungen auf falschen Annahmen, lösen sie Gefühle aus, die unsere Handlungsfähigkeit beeinträchtigen können. Solche falschen Annahmen gehen in folgenden Worten durch den Kopf:

- Wenn ich einen Vortrag halte, geht das schief.
- Wenn es schiefgeht, kann ich mit den Konsequenzen nicht umgehen.

Eine rationale Betrachtung der Anforderung und der bisherigen Erfahrungen wird zu folgendem Ergebnis führen: Ich habe mein Studium erfolgreich abgeschlossen, die Zulassung zur Promotion erreicht, meine Dissertation im Rigorosum erfolgreich „verteidigt" usw. – daher weiß ich,

- dass es nicht notwendig schiefgeht, wenn ich einen Vortrag halte. Das Gegenteil ist auch möglich;
- dass die Welt nicht untergeht, wenn mir zwei oder drei Sätze verunglücken, wenn ich an einer Stelle hängenbleibe und am Anfang rot werden. Mit diesen Schwächen werde ich fertig.

Gelingt diese selbstbewusste Betrachtung von Anforderungen und Erfahrungen, ist das ein gutes Stück auf dem Weg zum selbstsicheren Auftreten.[1] Zweierlei beschleunigt das Vorankommen:

1. Nicht zu viel auf einmal verlangen.
   Wenn Sie vor einem Vortrag körperliche Stress-Symptome einstellen, verlangen Sie *in der Situation* nicht zuviel von sich; verlangen Sie nicht, dass Sie sich wohlfühlen. Dieser Zustand lässt sich nicht herbeizaubern. Er ist Ergebnis von Übung und Erfahrung. Konzentrieren Sie deshalb Ihre Energien auf Ihren Vortrag (oder Diskussionsbeitrag). Und machen Sie sich bewusst, dass die Zuhörerinnen und Zuhörer nicht in Ihr Innenleben schauen können. Die anderen sehen nicht, dass Ihr Blutdruck steigt, dass Ihr Herz höher schlägt; sie hören auch in den meisten Fällen nicht Ihre Stimme „zittern" (wir hören uns anders reden – mit dem „Innenohr" – als die anderen, die unsere Stimme mit dem „Außenohr" aufnehmen).

---

[1] Werden Sie die Tyrannei der Muss-Soll-Darf nicht-Annahmen nicht los, kann eine „rationale Selbstanalyse" weiterhelfen, die im Rahmen der *Rational-Emotiven-Therapie* entwickelt wurde (Schwartz 1991).

2. Sein Licht nicht unter den Scheffel stellen, sondern BAFF sein. Darum geht es im nächsten Abschnitt.

1.2 Selbstsicher reden: BAFF

Rhetorik ist Handwerk. Wer dieses Handwerk beherrscht, kann solide Vorträge halten. Ich weiß nicht, ob Handwerk heute noch „goldenen Boden" hat. Ich weiß: Bei Vorträgen oder Diskussionen ist Handwerk nicht alles; aber ohne Handwerk ist alles nichts. Wenn Handwerk nicht alles ist, was fehlt dann? Das, was sich (fast) alle (heimlich) wünschen: *Ausstrahlung*. Was ist *Ausstrahlung*? Ein Phänomen, das nicht eindeutig zu definieren ist, weil jede und jeder etwas anderes darunter verstehen kann. Ich versuche eine Annäherung an das Phänomen: Ich nenne vier Faktoren, die zu *Ausstrahlung* führen können.

1. Wenn jemand etwas von der Sache versteht, über die sie oder er redet. Ich nenne das fachliche *Autorität*.
2. Wenn die Rednerin oder der Redner das, worüber sie oder er spricht, wichtig und interessant findet. Ich verwende dafür den Ausdruck *Begeisterung*.
3. Wenn deutlich wird, dass sich die Rednerin freut, andere über ein interessantes Thema informieren zu können: *Freude*.
4. Wenn der Redner sich bemüht, Gedanken so auszudrücken, dass andere sie verstehen können. Ich nenne das *Freundlichkeit*.

Begeisterung
Autorität
Freude und
Freundlichkeit
ermöglichen Ausstrahlung.

An allen vier Punkten hakt es – nicht nur beim wissenschaftlichen Nachwuchs. Auf die ersten drei gehe ich auf den folgenden Seiten ein; der vierte Punkt ist eine Frage des Handwerks und Thema der nächsten Kapitel. Woran hakts?

Déformation (pré) professionelle

Ich komme viel herum und mache am Institut für Afrikanistik der Universität A und in der Fachgruppe Zellbiologie der Hochschule Z ähnliche Erfahrungen: Die Teilnehmerinnen und Teilnehmer meiner Seminare sind verblüfft (umgangssprachlich: *baff*), wenn ich

- Teile ihres Vortrags in andere Worten *begeistert* vortrage,
- ihnen ein Kompliment über ihre fachliche *Kompetenz* mache,
- ihnen sage, dass ich ihren Vortrag über nordafrikanische Feudalstrukturen, arabische Kaffeehauskultur, über Sozialrecht in Europa, die Folgen der Privatisierung in Großbritannien oder den Kriminalroman in romanischen Ländern *interessant* fand.

Ich mache keinen falschen Komplimente. Und ich will mich nicht für die Fähigkeit loben, Passagen aus Vorträgen anderer mit Nachdruck vortragen zu können. Das gelingt mir deshalb, weil ich – anders als die Teilnehmerinnen und Teilnehmer, die dafür die Vorlage erarbeitet haben – eine Berufskrankheit nicht habe, für die die Hochschule anfällig macht: nur die Zweifel und Mühen statt Erträge zu sehen. Junge Wissenschaftlerinnen und Wissenschaftler sind – verständlicherweise – besonders anfällig für diese „Krankheit". Was sind die Symptome und welche Gegenmittel sind angezeigt?

Autorität

Die Vorträge, die ich meinen Seminaren höre, sind oft langatmig und überfrachtet mit akademischem Zierrat: Auf Verweise zur eigenen Absicherung folgen Zitate der bekannten Autoritäten des Fachs, und bevor es zur Sache geht, wird unter dem Titel „theoretischer Bezugsrahmen" eine Versicherungsrunde gedreht. Der Doktorand der Geschichte verwendet den Konjunktiv, der seinem Vortrag jedes Leben entzieht und zu sprachlichen Kapriolen führt – etwa wenn „ein partieller Zugang *unter Umständen* durch ein indirektes Vorgehen *denkbar wäre.*" Die Privatdozentin schwankt in ihrem Vortrag über den Stand der Migrationsforschung, ob sie in der (Post-)Strukturalismus-Debatte Flagge zeigen oder nur demonstrieren soll, dass sie die einschlägige Literatur kennt. Das Ergebnis ist eine Mischung aus schwergängig formulierten Selbstverständlichkeiten und schwammigen Festlegungen, die signalisieren: Ich drücke mich nicht präziser aus, um bei Bedarf meine Aussagen relativieren und damit Kritik umgehen zu können.

Der Historiker und die Soziologin orientieren sich an dem, was sie in ihrer Disziplin gelesen und gehört haben – und verbauen sich die Chance, einen guten Vortrag zu halten. Was ist die Alternative?

Der Soziologe Howard S. Becker rät in *Die Kunst des professionellen Schreibens* (1994), verständlich, präzise und unprätentiös zu schreiben. Ein Kapitel seines Buches wurde in *The Sociological Quarterly* veröffentlicht. Zwei Kollegen von Becker antworteten mit folgender Warnung:

„Weitschweifige, angestrengte und langweilige Artikel überwiegen … noch immer in der Soziologie … Wir bezweifeln deshalb, daß es klug ist, Studenten und Mitgliedern des Lehrkörpers, die die Welt des ‚publish or perish' eben erst betreten, anzuraten, von dem schwerfälligen, phantasielosen Stil der Disziplin abzurücken …

Derzeit und in absehbarer Zukunft werden graduierte Studenten und Studentinnen schreiben ‚lernen', indem sie lesen, was bereits geschrieben ist. Worauf sie dabei stoßen, sind im allgemeinen langweilige, weitschweifige, angestrengt-prätentiöse Texte, die das Problem perpetuieren, weil sie zur der Vermutung Anlaß geben, daß die meisten Gutachter auf einem solchen gespreizten Stil geradezu bestehen." (Zit. in Becker 1994: 65f.)

Diese Warnung lässt sich in einem Satz verdichten: Schlecht schreiben (ich ergänze: schlechte Vorträge halten) ist die sichere Bank, solange man sich in der Welt des *publish or perish* noch keinen Namen gemacht hat.

Kein guter Rat. Wer ihm folgt, bringt sich um Erfolgserlebnisse und wird nicht sicherer, sondern verfestigt Unsicherheit.

Es ist nützlich, die Stilelemente *langweiliger, weitschweifiger, angestrengt-prätentiöser* Texte und Vorträge zu kennen, um sie gezielt einsetzen oder vermeiden zu können. Sie sind Mittel zum Zweck. Wenn Sie in einer angesehenen Fachzeitschrift einen Beitrag unterbringen wollen, kann es sinnvoll sein, eine Mitherausgeberin oder ein Mitglied des wissenschaftlichen Beirats dieser Zeitschrift zu zitieren: Nichts lesen Wissenschaftlerinnen und Wissenschaftler lieber als Texte, in denen sie zitiert werden.

Wird das Mittel zum Ziel, beginnt ein Hase-Igel-Rennen: Die (jungen) Hasen haben keine Chance, denn es sind viel zu viele Igel auf der Rennstrecke. Eine Chance haben nur die, die ein eigenes Rennen veranstalten – ein Rennen, in dem die eigene Leistung zählt.

In einem Meer von Zitaten, Absicherungen und Relativierungen geht die *eigene* Leistung, der *eigene* Beitrag, die *eigene* Fragestellung, das *eigene* Ergebnis schnell unter. Eine Standard-Frage an die Teilnehmerinnen und Teilnehmer meiner Seminare lautet daher: „Was ist nun Ihr Anteil an der Lösung des Problems?" (Oder: „Und was haben Sie herausgefunden?") Die so Angesprochenen sind irritiert und antworten, „Aber ich habe doch deutlich gemacht (gezeigt, hervorgehoben), dass …". Meine Erwiderung: „Nein, das haben Sie nicht *deutlich* gemacht."

Statt die eigene Leistung deutlich zu machen, statt einen interessanten Vortrag zu halten, folgen viele dem alten heimlichen Lehrplan der Hochschule: „Wer der Menge tief scheinen möchte, bemüht sich um Dunkelheit." (Nietzsche 1980: 500)[2] Die Folge: Misserfolg. Der Grund: Wenn die Vorträge eines renommierten Professors oder einer angesehenen Wissenschaftlerin „dunkel" bleiben, reagieren die meisten Zuhörerinnen und Zuhörer nach dem Grundsatz, „im Zweifel für den Angeklagten": *Ich* habe die Ausführungen wohl nicht richtig verstanden, für *mich* war das zu kompliziert, *mir* fehlen wahrscheinlich die Voraussetzungen, um folgen zu können. Tritt die oder der Vortragende ohne Vorschusslorbeeren an, urteilt das Publikum

---

[2] Wolf Wagner (1992) beschreibt diesen heimlichen Lehrplan sehr anschaulich.

anders: *Der Vortrag* war konfus, *die* kann ihre Gedanken nicht strukturieren, *der* hatte sein Thema nicht im Griff.

In beiden Fällen gefällt den Zuhörenden der Vortrag nicht. Nur die Schuldzuweisungen fallen unterschiedlich aus. Deshalb empfehle ich allen, die (noch) nicht den Ruf einer *Kapazität* haben:

- Wenn Sie über ein kompliziertes Thema sprechen, drücken Sie sich nicht kompliziert aus, sondern präzise und verständlich. Von einem „Psychiater, der über Geisteskranke schreibt", erwarten wir auch, dass er sich nicht „wie ein Geisteskranker" ausdrückt (Eco 1993: 190).
- Achten Sie darauf, dass Ihre Leistungen deutlich werden. Das Personalpronomen *Ich*, eindeutige Verben und der Verzicht auf akademische Prosa sind dafür die angemessenen sprachlichen Mittel. Ein Beispiel:

„Im zweiten Teil wird der Einfluss der Einkommenshöhe auf das Konsumverhalten untersucht."	„Im zweiten Teil zeige ich, wie das Einkommen den Konsum beeinflusst."

Wissenschaft wird gemacht. Von wem? Von Ihnen. Vielleicht leiden Sie unter dem Machen. Das ist jedoch kein Grund, die Leideform, das Passiv, zu wählen. Und wenn *Sie* etwas zeigen, führen Sie keinen sprachlichen Eiertanz auf, sondern sagen Sie es: „*Ich* zeige, …" Sprechen Sie *würde*los: „Ich meine, …", „Ich behaupte daher, …" (statt „Ich *würde* sagen, …"). Und vermeiden Sie, solange Sie nicht durch einen Lehrstuhl geadelt wurden, den Pluralis majestatis. Ich hole mir für diese Empfehlung Unterstützung bei einem Professor für Wirtschafts- und Sozialstatistik:

„Entgegen einem verbreiteten Vorurteil ist das Wort ‚ich' auch in der Wissenschaft durchaus erlaubt" (Krämer 1999: 156).

Wird an Ihrem Fachbereich die Auffassung vertreten, wissenschaftlicher Stil zeichne sich „durch die Vermeidung des Personalpronomens ‚Ich' aus" (Kruse, Jacobs 1999: 23)? Dann sollten Sie „ich" in der Dissertation oder Habilschrift vermeiden. Sagen Sie in Vorträgen „ich", und warten Sie ab, ob dieses „Ich" tatsächlich moniert wird.

Ich empfehle nicht, dick aufzutragen, ein *Ich* an das andere zu reihen. Eigenlob stinkt, und die „cäsaristische Attitüde" (Narr, Stary) – ich kenne keine Zweifel, sondern nur „Siege" – ist mir auch in der Wissenschaft zuwider. Ich rate, die eigene Leistung nicht zu verstecken:

- wenn Sie über *Ihre* Fragestellung sprechen: *Meine* Fragestellung,
- wenn Sie über das Ziel *Ihrer* Arbeit reden: *Ich* verfolge das Ziel,
- wenn Sie …: *Ich* habe gezeigt, belegt, demonstriert, deutlich gemacht …

Ein Vortrag ist kein Kriminalroman. Die Zuhörerinnen und Zuhörer wollen zu jedem Zeitpunkt wissen, *who dun it*?

Wenn Sie in einem Vortrag

- einen Ausschnitt aus *Ihrer* Dissertation,
- den methodischen Ansatz *Ihrer* Habilschrift,
- die wichtigsten Ergebnisse *Ihrer* Forschung

vorstellen, dann sind *Sie* die Fachfrau oder der Fachmann. Nicht die „große" Autorität, sondern Autorität in dieser Frage oder jenem Gebiet. Das sollten Sie deutlich machen

1. durch einen klaren und bestimmten Vortrags*stil* – siehe oben – und
2. in der Schwerpunktsetzung.

Zum zweiten Punkt: Wer sich um einen Ausbildungsplatz bewirbt, gibt im Lebenslauf noch den Namen und Beruf der Eltern an; wer sich um eine Stelle als wissenschaftlicher Mitarbeiter oder wissenschaftliche Assistentin bewirbt, nicht. Wer eine Diplom- oder Magisterarbeit schreibt, muss nachweisen, das sie oder er die wichtige Literatur zum Thema kennt; wer mit seiner Dissertation oder ihrer Habilschrift einen Beitrag zur Wissenschaft leistet, muss das nicht mehr. Sie oder er muss den Forschungsstand nur insofern bemühen, als er

- für die Herleitung der eigenen (Hypo-)Thesen relevant ist,
- zur Begründung der eigenen Schwerpunktsetzung gebraucht wird,
- Widersprüche, Lücken oder Defizite aufweist, die aufgelöst, geschlossen bzw. behoben werden sollen.

Was *andere* meinen, denken oder geschrieben haben, interessiert in einem Vortrag, in dem es um *Ihre* Arbeit geht, nur in dieser Hinsicht. Vernebeln Sie deshalb Ihre (Hypo-)Thesen, Ihre Schwerpunktsetzung, Ihre Leistung nicht durch

- Nachweise der Belesenheit,
- Verbeugungen vor den Größen der Zunft oder anderen Autoritäten,
- akademischen Zierrat – zum Beispiel den absichernden Nebensatz „wobei hier nicht dem Poststrukturalismus (Behaviorismus, einer werkimmanenten Interpretation, den Thesen der Chicagoer Schule, einer naturalistischen Rechtsauffassung, der geisteswissenschaftlichen Pädagogik …) das Wort geredet werden soll."

Das haben Sie nicht nötig. Das wird nicht erwartet. Sie sind eine Autorität auf dem Gebiet der nordafrikanische Feudalstrukturen, der arabische Kaffeehauskultur, in europäischem Sozialrecht, in Fragen der Privatisierung in Großbritannien, im Genre des Kriminalromans in romanischen Ländern …

Begeisterung

Ich vermute, Ihnen drängt sich Widerspruch auf. Widerspruch ist fruchtbar, er fördert Wissenschaft und Kommunikation.

Ja, die Empfehlungen auf den vorangegangenen Seiten gelten nicht für alle Situationen. Für einen Vortrag zur *Einführung in die Erziehungswissenschaft* oder über *Moderne Unternehmensführung* müssen Sie – möglichst interessant und klar strukturiert – das Wissen anderer referieren. Das ist Handwerk und Thema des nächsten Kapitels.

Ja, die Sekundärliteratur erscheint oft unüberschaubar, die Ergebnisse sind nicht durchgängig signifikant, die Quellen könnten ergiebiger sein, die Transkription der Interviews ist mühselig, die Zellkulturen entwickeln sich nicht so, wie Sie es sich wünschen. Sie sehen Lücken; das ehrt Sie. Lücken lassen sich schließen; wichtig ist, dass man sie entdeckt. Zweifel sind ein Gütekriterium von Wissenschaft. Zweifel sind ein guter Antrieb zur Forschung, aber nicht als Leitmotiv für Vorträge geeignet (es sei denn, Sie tragen begründete Zweifel am bisherigen Stand der Forschung vor). Vergewissern Sie sich deshalb vor Vorträgen, was Sie herausgefunden, was Sie geleistet haben. Sie sind auf eine gute Meinung von Ihrer Arbeit angewiesen.

Für Ihre (Zwischen-)Ergebnisse habe Sie viel Zeit und Energie aufgebracht. Wer mittendrin ist im Quellenstudium, in der Datenerhebung, in Experimenten, im Analysieren und Interpretieren, sieht vor allem die Mühen. Das ist verständlich; aber eine schlechte Voraussetzung für einen selbstsicheren Auftritt.

Mir gelingt es, Passagen aus den Vorträgen der Teilnehmerinnen und Teilnehmer meiner Seminare mit Begeisterung vorzutragen, weil ich ihre Ergebnisse in den Mittelpunkt stelle und nicht von ihren Mühen des Wegs zu den Ergebnissen geplagt werde.

Diese Haltung lässt sich – vor einem und für einen Vortrag – auch dann einnehmen, wenn man täglich mit diesen Anstrengungen konfrontiert ist: Die Mühen und Zweifel sind meine Angelegenheit und Thema von Gesprächen mit Freunden und (hoffentlich) verständnisvollen Betreuerinnen oder hilfreichen Kollegen. Mein Publikum will Ergebnisse, Anregungen und Neues hören. Das habe ich zu bieten. Das mache ich deutlich – und nur das.[3]

Wenn Sie sich zwei oder drei Jahre mit einem Thema beschäftigt haben, dann kann es ja nicht unwichtig oder langweilig sein. Schließlich haben *Sie* sich damit beschäftigt. Schauen Sie deshalb ab und an – ein Vortrag ist dafür ein guter Anlass – mit Abstand auf die eigene Arbeit, um den Ertrag nicht aus den Augen zu verlieren. Wissenschaftliches Arbeiten ist wie Bergsteigen: Der Aufstieg ist zwar häufig anstrengend. Aber auf dem Gipfel hat man einen herrlichen Ausblick.

---

[3] Wobei der Verweis auf Desiderata auch ein Ergebnis sein kann.

Worüber berichten Sie Ihren Freundinnen und Bekannten wenn Sie aus den Bergen zurück sind? Die meisten schwärmen von den tollen Aussichten. Das ist eine gute Orientierung für Vorträge: Stellen Sie beim nächsten Vortrag Ihre Begeisterung über den gewonnen Über- oder Durchblick nach dem Gang durch die Literatur, Daten, Quellen usw. in den Vordergrund. Man wird Ihnen gerne zuhören.

Freude

Wenn Sie etwas Interessantes, Neues, Weiterführendes herausgefunden haben, ist das ein Grund zur Freude – und ein guter Grund, andere darüber zu informieren. Wenn andere darüber informiert werden möchten, ist das ein weiterer Grund zur Freude. Freuen Sie sich über Ihr Privileg, Publikum zu haben. Diese Freude überträgt sich: Die Zuhörerinnen und Zuhörer fühlen sich wohl (und sehen Ihnen Versprecher und verunglückte Sätze nach).

Mit diesem Hinweis will ich nicht über Lampenfieber oder Unsicherheit hinweggehen, sondern auf eine nützliche Denkrichtung hinweisen und darauf, dass beides möglich ist: Lampenfieber haben und sich freuen. Was Sie tun können, damit die Freude vorherrscht, ist Thema der folgenden Seiten.

Dieses Kapitel schließe ich mit einer zusammenfassenden Feststellung ab: Selbstsicheres Reden ist Resultat von Handwerk und der (Selbst-)Vergewisserung,

- *ich* habe etwas zu sagen (Autorität);
- *ich* bin – mit der in der Wissenschaft gebotenen Zurückhaltung – zufrieden ist mit dem, was ich zu sagen habe (Begeisterung);
- *ich* weiß, dass in einer Zeit, in der Aufmerksamkeit ein sehr knappes Gut ist, Zuhörerinnen und Zuhörer ein Privileg sind (Freude).

Und deshalb – ich greife vor – ist es mir wichtig, diese Aufmerksamkeit angemessen zu würdigen (Freundlichkeit).

Kurz: Seien Sie eine begeisterte Autorität, die aus Freude freundlich ist.

2 Lust statt Last: Der Vortrag

„Rem tene, verba sequentur". Ein Mann, ein (Sprich-)Wort – ein Irrtum: „Beherrsche die Sache, dann folgen die Worte." (Cato[1])

Viele erschöpfen ihre Zuhörerinnen und Zuhörer, wenn sie in ihrem Vortrag einen Sachverhalt *erschöpfend behandeln*. Sie kennen mindestens einen Dozenten vom Typ „Folienschleuder", der mit unzähligen Folien ermüdet. Und auch das ist keine Seltenheit: Ein Hochschullehrer legt nach 15 Minuten mit dem Hinweis, „zum Mitschreiben" eine Folie auf, auf der alle fünfzig Fachtermini und Fremdworte aufgeführt sind, die in seinem Vortrag vorkamen – und nach 2 Minuten macht er den Projektor aus und führt in den neuen Themenblock ein.

Sie

- haben festgestellt, das es nicht genügt *zur Sache* zu reden, wenn Sie zu Menschen sprechen;
- wollen bei Vorträgen das Sprichwort beherzigen, „was du nicht willst, dass man dir tu', das füg auch keinem andern zu";
- haben registriert, dass der Beifall, den der eine oder die andere beim Zusammenfalten des Manuskripts erhält, ein Ausdruck der Erleichterung ist;
- kennen „Ihren" Goethe und haben bei manchen Vorträgen lautlos geseufzt, „Getretener Quark wird breit, nicht stark";
- wollen es besser machen als der Ermüder, die Folienschleuder oder der Terminologe;
- wollen nicht alles ganz anders, aber mehr aus Ihren Vorträgen machen.

In diesem Kapitel finden Sie Hinweise, die helfen, dieses Vorhaben umzusetzen – von A wie Aufmerksamkeitswecker und Anapher bis Z wie Ziel und Zusammenfassung. Und ich lüfte das Geheimnis der Verbreitung von Langeweile.

Zeitplanung ist auf den folgenden Seiten kein Thema, denn es geht um Handwerk, nicht um Haltungen. Wer den Beginn der Arbeit an einem Vortrag vor sich herschiebt, um auf den letzten Drücker etwas zusammenzuschreiben, wird keinen guten Eindruck machen. Ein guter Vortrag, trivial

---

[1] Das war der römische Konsul, der seine Reden mit dem Satz beendete: „Im übrigen bin ich der Ansicht, dass Karthargo zerstört werden muss."

aber wahr, ist ohne ausreichende Vorbereitung nicht zu haben. Auch wenn Sie auf vorliegende Texte zurückgreifen können, braucht die Vorbereitung eines Vortrags Zeit: Selbst der gelungene Aufsatz oder das beste Kapitel der Dissertation ergeben noch keinen guten Vortrag. Vorträge sind zwar nicht das ganz Andere, aber etwas Anderes als Aufsätze oder Dissertationen.

Zum Handwerk gehört die Sprache. In einem Beitrag mit dem Untertitel „Wie Sie sich und Ihr Publikum mit gezielter rhetorischer Vorbereitung in den Griff bekommen", erschienen im *Handbuch Hochschullehre*, ist folgender Definitionsversuch zu finden:

„Das Spezifische an Vorträgen gegenüber anderen Redebeiträgen ist

- ihr größerer zeitlicher Umfang,
- ihr ‚quasimonologischer Charakter'" (Drews 1997: 3).

Ich will nicht die „In-den-Griff-bekommen"-Denkhaltung kritisieren und sehe der Autorin auch den falschen Adjektivgebrauch nach[2]. Ich will darauf hinweisen, dass der zitierte Satz entschieden entschlackt werden kann:

- „größerer zeitlicher Umfang" meint: dauert länger,
- „quasimonologischer Charakter" lässt sich übersetzen mit Monolog.

Das Ergebnis: Vorträge sind Monologe, die länger dauern als andere Reden.

Wer so umständlich und gespreizt spricht wie Drews schreibt, hat gute Voraussetzungen für schlechte Vorträge. In meinen Seminaren stützen sich die Teilnehmerinnen und Teilnehmer häufig auf Manuskripte, die im Stil eines Beitrags für eine wissenschaftliche Fachzeitschrift geschrieben sind. Das Ergebnis: Die Vorträge sind „lautgemachte Schrift". Die Folge: gelangweilte Zuhörerinnen und Zuhörer. Deshalb gehe ich auch auf das Verhältnis von Schrift- und gesprochener Sprache ein, auf die Wortwahl und den Satzbau (und das Manuskript).

Der Grundgedanke dieses Kapitels ist einfach: Ein Vortrag ist eine soziale Situation. Meine Anregungen sollen ein situationsangemessenes Handeln unterstützen und dabei helfen, die Ergebnisse Ihrer Arbeit, Ihre Themen und Fragestellungen „aufnahmefähig" zu machen und Ihre Zuhörerinnen und Zuhörer „aufnahmebereit".

---

[2] Eine Vorbereitung kann gut oder schlecht, ausreichend oder ungenügend sein – aber nicht *rhetorisch*. Es ist sinnvoll, sich mit Rhetorik zu beschäftigen. Die *rhetorische* Vorbereitung ist Sprachmurks: Das Haus Ihrer Eltern ist kein *elterliches* Haus, und die Blumen auf meinem Balkon sind keine *balkonige* Blumen. Wenn ich die Katze meiner Nachbarin versorge, dann bleibt das Tier die Katze meiner Nachbarin und wird nicht zur *nachbarlichen* Katze.

2.1 Eine Rede ist keine „Schreibe": Einen Vortrag vorbereiten

Das Wichtigste in der Wissenschaft sind Fragen. Fragen sind das Wichtigste für die Vorbereitung eines Vortrags. W-Fragen:

1. Worum soll es gehen?   Thema
2. Was will ich erreichen?   Ziel
3. Wer wird mir zuhören?   Zielgruppe
4. Was will ich vortragen?   Inhalt
5. Wie präsentiere ich die Inhalte?   Darstellung
6. Womit kann ich die Darstellung unterstützen? Medien
7. Welche Vorgaben sind zu beachten?   Zeit, Ort, Teilnehmer-
                                                 zahl usw.

In Ihren Themen sind Sie inhaltlich fit. Ich kann mich daher auf eine Anmerkung zur ersten und vierten Frage beschränken: Aus einem Vortrags*thema* ergibt sich noch kein Vortrags*inhalt*. Die inhaltliche Schwerpunktsetzung ergibt sich nicht nur aus der „Logik des Gegenstands", sondern ist auch abhängig vom Ziel, das Sie verfolgen, und vom Publikum, das Sie erreichen wollen.

2.1.1 Ausgangs- und Bezugspunkt: Ziel, Zuhörerinnen und Zuhörer

Ein Vortrag über *Moderne Unternehmensführung*, das *Unternehmenssteuerrecht in Frankreich* oder *Medienpädagogik* kann eine Lust oder Last sein – aber kein Ziel. Ein Vortrags*thema* ist etwas anderes als ein Vortrags*ziel*. Ohne Antworten auf die Frage nach dem Ziel eines Vortrags lässt sich nicht sinnvoll entscheiden,

* welche Schwerpunkte gesetzt,
* wie die Inhalte präsentiert und
* welche Medien eingesetzt

werden sollen.

1. Vom Ziel ausgehen, um zum Ziel zu kommen

Sie wollen *einen guten Eindruck hinterlassen*. Das ist ein Ziel. Dieses Ziel verfolgen die meisten und hinterlassen keinen guten Eindruck, weil sie

a) aus dem Ziel keine Konsequenzen ziehen oder
b) nicht weiterfragen.

Zu a: Wer einen guten Eindruck hinterlassen will, darf – unter anderem – die Zuhörerinnen und Zuhörer

- nicht langweilen,
- nicht überfordern,
- nicht unterfordern.

Damit Sie die Zuhörenden nicht langweilen, nicht unter- oder überfordern, müssen Sie sich Klarheit verschaffen, wer Ihnen zuhören wird und daraus Konsequenzen für die Schwerpunktsetzung, das Niveau usw. ziehen: Vorträge sind klassische „Alles-hängt-mit-allem-zusammen"-Situationen.

Zu b: „Einen guten Eindruck hinterlassen" ist ein sehr allgemeines Ziel. Was wollen Sie noch? Möchten Sie

- etwas *Neues bekannt machen*?
- Ihre Zuhörerinnen und Zuhörer *unterhalten*?
- einen *Überblick* geben?
- Ihre Zuhörerinnen und Zuhörer *beraten*?
- *Klarheit* in eine Kontrovers bringen?
- Ihre *Pflicht tun*?
- auf *Listenplatz 1* kommen?
- die *Sympathie* Ihrer Zuhörerinnen und Zuhörer *gewinnen*?

Sie werden noch andere – mehr oder mindere konkrete – Ziele nennen können. In der Regel geht es nie nur um das eine oder das andere. Worum auch immer es *Ihnen* bei Ihrem nächsten Vortrag geht, Ihre Ziele sind das zentrale Kriterium für die Beurteilung meiner Vorschläge und die Entscheidung, welche Anregungen Sie aufgreifen. Sie entscheiden. Mir ist wichtig, dass Sie vom Ziel ausgehen, um zum Ziel zu kommen:

Abb. 1: Ausgangs- und Bezugspunkt Vortragsziel

2. An die Zuhörerinnen und Zuhörer denken

Es gibt Rednerinnen und Redner, die *sich* stundenlang zuhören können. Wenn Sie sich auf Ihre Zuhörerinnen und Zuhörer einstellen, hören diese *Ihnen* gerne (einige Zeit) zu.

Was heißt, sich auf die Zuhörenden einstellen? Ausgangspunkt ist *Ihr* Interesse. Bezugspunkt sind die *anderen*, ohne die Sie

- Ihr Ziel nicht erreichen und
- keinen guten Eindruck hinterlassen können.

Deshalb schließt sich an die Klärung, welche(s) Ziel(e) *Sie* mit einem Vortrag verfolgen, die Frage nach den Interessen und Erwartungen der *Zuhörerinnen und Zuhörer* an. Drei W-Fragen helfen, einen Vortrag nicht nur inhaltlich stimmig, sondern auch adressatenorientiert vorzubereiten:

1. *Wer* sind die Zuhörerinnen und Zuhörer?
   - Studierende, Kolleginnen und Kollegen, Expertinnen und Experten?
   - Welche Funktion haben sie am Ort meines Vortrags?
   - Welche Vorkenntnisse über das Thema, welche Erfahrungen mit meinem methodischen Ansatz haben sie?
2. *Was* erwarten sie von meinem Vortrag?
   - An welchen Inhalten, Methoden, Ergebnissen, Konsequenzen sind sie besonders interessiert?
   - Haben sie ein Faible für Methodenfragen, „harte" Daten oder Fallbeispiele?
   - Welche Ansprüche haben sie an das Niveau des Vortrags?
3. *Welche* Auffassungen und Haltungen haben sie zu meinem Thema?
   - Welchen theoretischen bzw. methodischen Ansatz bevorzugen sie?
   - Welche Meinung haben sie von der Bedeutung meines Themas bzw. der Relevanz meines Gegenstands?
   - Reiten sie ein Steckenpferd in meinem Themenfeld? Sind sie Expertinnen oder Experten, die ein Eisen im Feuer haben?

Aus den Antworten auf diese Fragen ergeben sich Konsequenzen für die Schwerpunkte, den Aufbau und die Darstellung:

- Was soll mit welcher Akzentuierung vorgetragen,
- wie soll argumentiert und
- welche Darstellungsform soll gewählt

werden?

Zu 1: Antworten auf die *Wer*-Fragen ermöglichen unter anderem folgende Entscheidungen:

- Wie ausführlich muss der (theoretische) Bezugsrahmen oder der methodische Ansatz erläutert werden?
- Was kann vorausgesetzt und daher weggelassen bzw. muss nur erwähnt oder gestreift werden?
- An welchen Kenntnissen, Erfahrungen und Interessen kann mit Beispielen angeknüpft werden?

Je mehr Sie Expertin oder Experte auf einem Gebiet sind, um so stärker sollten Sie darauf achten, den Wissensstand und die Informationsbedürfnisse von Nicht-Experten richtig einzuschätzen. Prüfen Sie, welche Vorkenntnisse Sie voraussetzen können und welche nicht. Sonst besteht die Gefahr, die Zuhörerinnen und Zuhörer entweder mit längst Bekanntem zu langweilen oder mit zuviel Neuem zu überfordern.

Setzen Sie bei einem Fachpublikum nicht voraus, Sie würden zu einer Versammlung von Universalgelehrten sprechen. Prüfen Sie, ob zum Beispiel

- *qualitative Methoden* der Sozialforschung zum allgemeinen Know-how gehören,
- *feministische Ansätze* in der Erziehungs-, Literatur-, Wirtschafts- oder Naturwissenschaft hinlänglich bekannt sind,
- *Diskurs, Dekonkruktivismus* oder *Nachhaltigkeit* für ihre Zuhörerinnen und Zuhörer geläufige Fachbegriffe sind.

Nach meiner Erfahrung lautet die Antwort häufig *nein*: Hochschulen sind vielerorts Ansammlungen von (Instituts-)Parzellen, die Spezialistinnen und Spezialisten durch hohe Hecken schützen.[3]

Ist Ihr Publikum heterogen, ist eine weitere – zielabhängige – Entscheidung zu treffen: Auf wen kommt es an? Es ist zum Beispiel schön, wenn alle fünfzig Studierenden von Ihrem Vortrag begeistert sind. Es ist weniger schön, wenn die vier Professoren, auf die es aus irgendeinem Grunde ankommt, den Vortag *etwas populistisch* finden oder *ein wenig mehr Tiefgang* erwartet haben. Es ist umgekehrt erfreulich, wenn die vier Fachhochschulprofessoren Ihre Probevorlesung *brillant* finden. Aber es ist unerfreulich, wenn die Studierenden sich beklagen, alles sei *viel zu theoretisch und abgehoben* gewesen und das Urteil der Studierenden über die Probevorlesung zählt. Das sind verzwickte Situationen – für die es eine bewährte Regel gibt: Man kann es nicht allen Recht machen. Wer nach allen Seiten lächelt, bekommt Falten – aber kein Profil.

Zu 2: Die Antworten auf die *Was*-Fragen sind vor allen wichtig für die Überlegung, welche Referenzen den Zuhörenden erwiesen werden sollen durch

- die Schwerpunktsetzung,
- die Auswahl von Beispielen,
- den Verzicht auf oder die ausführliche Präsentation von Daten und Fakten oder methodischen Überlegungen.

Alle hören gerne das, was sie interessiert. Vorträge *können* dazu dienen, neue Interessen zu wecken. *Sie* entscheiden, ob Sie auf Nummer sicher ge-

---

[3] Vgl. ausführlicher Klüver (1983) und Valjavec (1984).

hen oder auf Risiko setzen. *Mir* ist wichtig, dass Sie sich bewusst entscheiden.

Zu 3: Die Antworten auf die *Welche*-Fragen ermöglichen Entscheidungen, wie im Vortrag

a) die Ablehnung eines theoretischen oder methodischen Zugangs,
b) Desinteresse gegenüber dem Gegenstand oder
c) Zustimmung zu einem Ansatz

aufgegriffen werden soll.

Zum Beispiel durch

a) die Betonung gemeinsamer Standards und Ansprüche,
b) Fakten oder den Nachweis der Erklärungs- bzw. Problemlösungskapazität eines theoretischen oder methodischen Zugangs,
c) den Hinweis auf ungelöste Probleme, neue Ziele.

Eine Frage haben Sie vielleicht vermisst: Was denken die Zuhörenden *von mir*? Wie kann ich mich auf Vorbehalte und (Vor-)Urteile einstellen? Um diese Fragen geht es im 3. Kapitel. Diesen Abschnitt schließe ich mit Goethe: „Alles, was uns imponieren soll, muss Charakter haben" (Bd. 22: 501). *Nicht langweilen* ist Voraussetzung für einen Vortrag, der imponieren soll. *Sachkenntnis* und eine *interessante Fragestellung* sind seine Hauptbestandteile. Ein *gelungener Einstieg, klare Strukturen* und ein *rundes Ende* geben die notwendige Würze. Damit sind die Anforderungen an den Anfang, den Hauptteil und Schluss eines Vortrags angesprochen. Diese Anforderungen sind Thema des nächsten Abschnitts, in dem ich unter anderem Überleitungen wie „Diese Anforderung sind Thema des …" empfehlen werde.

2.1.2 Die tragenden Säulen: Einleitung, Hauptteil, Schluss

Ein Vortrag braucht eine Struktur: eine Einleitung, einen Hauptteil und einen Schluss. Doch wozu? Welche Funktionen haben diese Strukturelemente?

1. Auf den Anfang kommt es an: Einleitung

Kurt Tucholsky empfiehlt in seinen *Ratschlägen für einen schlechten Redner*:

„Fange nie mit dem Anfang an, sondern immer drei Meilen vor dem Anfang! Etwa so: ‚Meine Damen und meine Herren! Bevor ich zum Thema des heutigen Abends komme, lassen Sie mich Ihnen kurz …', Hier hast Du schon so ziemlich alles, was einen schönen Anfang ausmacht: eine steife Anrede; der Anfang vor dem Anfang; die

Ankündigung, daß und was du zu sprechen beabsichtigst, und das Wörtchen kurz. So gewinnst Du im Nu die Herzen und die Ohren der Zuhörer." (Bd. 8: 290)

Wie können Sie „Herzen und Ohren" gewinnen? Durch eine Einleitung, die ihre Funktion erfüllt, die motiviert und orientiert. Wie kann das gelingen? Indem Sie – erster Schritt – sich nicht an Routine-Einleitungen orientieren. Meyer zu Bexten u.a. empfehlen in einem *Leitfaden für Naturwissenschaftler und Ingenieure* dröges Vortrags*business as usual*:

„Die Einleitung stellt einen sehr wichtigen Teil des Vortrags dar. Denn in den ersten 1–2 Minuten entscheiden sich die Zuhörer, ob sie weiter dem Vortrag *beiwohnen* oder lieber gehen sollten. *Das hat zur Folge*, daß

– ein werbewirksamer und *geschmackvoller* Titel gewählt werden sollte und
– die Inhaltsangabe eine Bereicherung versprechen muß.

All dies kann durch eine gute Titel- und Gliederungsfolie unterstützt werden. (…)

Jeder Vortrag sollte demzufolge zunächst mit einer Titelfolie eingeleitet werden, um folgende wichtige Fragen zu klären:

– Wie lautet der Vortragstitel?
– Wer sind die Autoren der Arbeit?
– Von welcher Organisation kommen die Autoren?
(…)

Direkt im Anschluß an die Titelfolie kommt eine Folie mit einer Übersicht über die Gliederung des Vortrags. Diese Folie trägt dementsprechend den Titel ,Gliederung', ,Inhalt' oder Vergleichbares." (1996: 37f. – Herv. N.F.)

Tucholsky lebte nicht im Medienzeitalter, sonst hätte er seine *Ratschläge* vielleicht so formuliert:

Fange nie mit dem Anfang an, sondern immer drei Meilen vor dem Anfang! Etwa so: „Meine Damen und meine Herren! Bevor ich zum Thema des heutigen Abends komme, lassen Sie mich Ihnen kurz zwei Folien präsentieren." Hier hast Du schon so ziemlich alles, was einen schönen Anfang ausmacht: eine steife Anrede; der Anfang vor dem Anfang; die Ankündigung, dass du beabsichtigst, Folien zu zeigen, und das Wörtchen kurz. So gewinnst Du im Nu die Herzen und die Ohren der Zuhörer.

Ich übertreibe. Meyer zu Bexten u.a. beschreiben den Vortrags*alltag* in den Naturwissenschaften. Fast jeder Vortrag von (deutschen) Biologen, Chemikerinnen oder Physikern fängt so an, wie es in ihrem *Leitfaden* empfohlen wird – nur die Titel sind zur Enttäuschung der b*eiwohnenden* Zuhörerinnen und Zuhörer nicht immer *geschmackvoll*.[4] Sie machen daher als Biologin,

---

[4] Wenn ein *geschmackvoller* Vortragstitel „gewählt werden sollte", damit die Zuhörer länger als 1–2 Minuten *beiwohnen*, dann ist das keine *Folge*, sondern eine Empfehlung von Meyer zu Bexten u.a. – und ein schönes Beispiel, welcher Sprachmurks entstehen kann, wenn die, die etwas meinen oder empfehlen, nicht schreiben, dass *sie* etwas meinen oder empfehlen.

Chemiker oder Physikerin nichts falsch, wenn Sie (in Deutschland) auch so anfangen.

Sie meinen, nichts falsch machen sei ein zu bescheidenes Ziel? Sie sind zu einem Vortrag in Boston oder Chicago eingeladen? Dann sollten Sie Vorträge anders anfangen. Sie sind Betriebs- oder Volkswirt, Juristin, Soziologin oder Sprachwissenschaftlerin? Dann sollten Sie auf keinen Fall den Empfehlungen von Meyer zu Bexten u.a. folgen, sondern versuchen, Ihr Publikum zu motivieren und zu orientieren. Das kann Ihnen in drei plus zwei Schritten gelingen. Zunächst zu den drei Grundschritten:

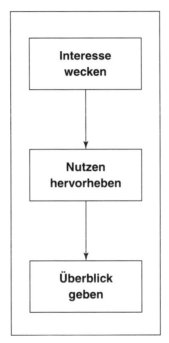

Abb. 2: Die 3 Grundschritte einer Einleitung

Interesse wecken

Am Ende eines klassischen Dramas steht der Höhepunkt und am Ende der meisten Krimis die Auflösung. Beim Vortrag sollten Ihre ersten Sätze Interessen wecken und Aufmerksamkeit auf Ihre Worte lenken. Das können Sie durch einen der folgenden zehn Aufmerksamkeitswecker erreichen.

1. Ein originelles Zitat oder Motto:

    - „Am Anfang war der öffentlich-rechtliche Rundfunk", stellte Bundespräsident Johannes Rau, einmal fest. Und was ist am – vorläufigen – Ende? Dieser Frage will ich …
    - „Ich mag diese Regierung nicht, ich mochte die vorige nicht, und ich werde auch die nächste nicht mögen." Dieses Credo eines freien Journalismus formulierte der US-Amerikaner Dan Crossland.
    - „Pressefreiheit ist die Freiheit von zweihundert reichen Leuten, ihre Meinung zu vertreten." (Paul Sethe)

2. Eine Beschreibung, die zum Problem hinführt:
    An Soziologinnen und Soziologen hat sich die Öffentlichkeit gewöhnt. Sie haben bei aktuellen Fragen etwas zu sagen. Man bittet sie, sich zum aktuellen Zustand der Gesellschaft zu äußern: Entwicklungstendenzen zu identifizieren, dieses oder jenes Problem zu analysieren und zu sagen, was man tun soll. Kurz: Soziologinnen und Soziologen haben sich zu dem entwickelt, was man „Experten" nennt – zu Gesellschaftsexperten.
    Fasziniert von dieser öffentlichen Aufmerksamkeit vergessen viele Soziologinnen und Soziologen eine wesentliche Frage: Was ist überhaupt eine Gesellschaft? Und wie funktioniert sie?
    Diese Grundfrage der Soziologie …[5]

3. Eine provokante Frage oder These:
    - Ist die deutsche Universität im Kern verrottet?
    - Die Politikwissenschaft ist ohne die Ergebnisse und Erkenntnisse, die feministische Wissenschaftlerinnen in den vergangenen zwanzig Jahren vorgelegt haben, nicht mehr zu denken.
    - Trifft es zu, dass die Biologie eine autoritäre Disziplin mit einem dominanten Lehrstil ist? Ist es richtig, dass in der Medizin mit Druck und wenig studierendenorientiert gelehrt wird? Und wenn ja: Worauf ist diese Lehrkultur – oder müsste es Lehr*un*kultur heißen? – zurückzuführen?
    - *Med.* in Germany ist seit einigen Jahren kein Gütesiegel mehr.

4. Eine widersprüchliche Aussage:
    Wir wissen immer mehr und werden immer dümmer.

5. Ein kurzer, anschaulicher Erfahrungsbericht, der zum Thema führt:
    „Ich werde oft gefragt: Was ist das eigentlich – Frauensprache? Gibt es das überhaupt? Oder ich werde mit der Behauptung konfrontiert: Das gibt es doch gar nicht, Frauensprache. Oder ich werde angegriffen: Was soll denn das sein, Frauensprache?" (Senta Trömel-Plötz)

---

[5] Dieses Beispiel habe ich in Anlehnung an Kaufmann formuliert (1996: 9).

6. Eine themenbezogene Denksportaufgabe:
   Gibt es eigentlich mehr Nichten oder Cousinen?

7. Ein aktuelles Ereignis, das zum Thema paßt:
   Heute wurde die Welt-Ernährungskonferenz eröffnet. Heute verhungerten in Lateinamerika über 1600 Kinder unter fünf Jahren. Heute wurden in der EU Tonnen „überflüssiger" Lebensmittel vernichtet.

8. Eine Allegorie, die alle verstehen:
   Den Wettlauf mit dem Hasen haben die Igel gewonnen. Ein entscheidendes Rennen könnten sie allerdings verlieren – befürchten Naturschützer.[6]

9. Eine einfache Feststellung, in der anklingt, dass die Sache nicht so einfach ist:
   Ob aus der Retorte oder aus der Pflanze: Vor dem Gesetz sind alle Arzneien gleich.

10. Sympathiewerbung:
    Ein bekannter Mann hat einmal gesagt, man könne über alles reden – nur nicht länger als 45 Minuten. Ich will in knapp 30 Minuten versuchen …

Den Nutzen hervorheben

Stellen Sie bitte vor, Sie wollen für Ihren Vortrag werben, Plakate aufhängen, eine Pressemitteilung herausgeben usw. Was würden Sie in Ihrer Werbung betonen?

Sie müssten überlegen:

- Warum sollte jemand kommen?
- Was ist an meinem Thema interessant?
- Was biete ich Neues?
- Worin besteht der Vorzug meines Vortrags gegenüber einem gedruckten Text?

Haben Sie diese Fragen geklärt, können Sie in Ihrer Werbung den Nutzen Ihres Vortrags hervorheben[7] – zum Beispiel: neue Informationen, ein kompetenter Überblick, eine aufschlussreiche Interpretation. Das sollten Sie auch in der Einleitung eines Vortrags tun. Ihre Zuhörerinnen und Zuhörer haben in der Regel viel zu tun und meist nur einen Grund, ihren Schreibtisch zu verlassen, um Ihnen zuzuhören: Von Ihren Ausführungen erwarten

---

[6] Dieses und das folgende Beispiel stammen von Bader, Göpfert (1996: 99 u. 101).

[7] In der Werbung heißt dieser Grundsatz: den Nutzen für die Verbraucherinnen und Verbraucher herausstellen bzw. – in dieser Branche sind Anglizismen und Fremdwörter sehr beliebt – die „benefits kommunizieren".

sie einen Nutzen. Betonen Sie diesen Nutzen am Anfang: Machen Sie deutlich, was Sie zu welchem Zweck in den Mittelpunkt stellen. Haben die Zuhörerinnen und Zuhörer den Eindruck, dass es lohnt, Ihnen zuzuhören, haben Sie ihre Aufmerksamkeit und Vorschusslorbeeren. Zudem beugen Sie falschen Erwartungen vor, wenn Sie die *benefits* präzise *kommunizieren*.

Einen Überblick geben

Eine Orientierung über den Aufbau Ihres Vortrags macht es den Zuhörenden leichter, Ihnen zu folgen. Sagen Sie, dass sich Ihr Vortrag – zum Beispiel – in drei Teile gliedert: „Ich untersuche zunächst den Erklärungsansatz von ABC. Dann beleuchte ich den Ansatz von XYZ. Abschließend arbeite ich Differenzen und Gemeinsamkeiten beider Konzepte heraus."

Der nächste Satz kann den Hauptteil eröffnen. Sagen Sie ausdrücklich, was Sie als nächstes tun: „Ich beginne mit dem ersten Teil, einer Analyse des Ansatzes von ABC."

Sie können diesen Überblick auch auf einer Folie präsentieren. In den meisten naturwissenschaftlichen Fächern wird das erwartet. Sind Sie weder Physiker noch Biologin, sollten Sie prüfen:

* Erfüllt diese Folie eine Funktion, verdeutlicht sie die *komplexe* Struktur meines Vortrags?
* Folgen weitere Folien? (Eine Folie weckt die Erwartung, dass weitere folgen. Sie sollten sich nur dann auf lediglich eine Folie beschränken, wenn diese Folie einen hohen Aufmerksamkeitswert hat.)

Zusammenhänge herstellen

Ist Ihr Vortrag Teil einer Vortragsreihe, einer Ringvorlesung, eines Seminars, sollten Sie den Zuhörerinnen und Zuhörern Hinweise geben,

* wie sich Ihr Vortrag in den Zusammenhang einordnet,
* in welcher Hinsicht Ihr Beitrag einen Sachverhalt vertieft oder im Widerspruch zu dem steht, was zuvor bzw. bisher vorgetragen wurde,
* worauf Sie nicht eingehen, weil dieser oder jener Aspekt in einem der folgenden bzw. vorangegangenen Vorträge behandelt wird bzw. wurde.

Es gibt zwei Möglichkeiten, auf Zusammenhänge hinzuweisen: entweder nachdem Sie Interesse für Ihr Thema geweckt oder nachdem Sie die Ziele Ihres Vortrags erläutert haben (vgl. Abbildung 3). Für jede Variante ein Beispiel:

Wir wissen immer mehr und werden immer dümmer (*Interesse wecken*). Diese Feststellung widerspricht den optimistischen Aussagen über den Zuwachs an Wissen, die wir am Vormittag gehören haben (*Zusammenhänge herstellen).* Ich will zeigen, dass mehr wissen und dümmer werden kein Gegensatz ist. Im Mittelpunkt steht dabei der Nachweis, dass … *(Nutzen hervorheben).*

Wir wissen immer mehr und werden immer dümmer *(Interesse wecken).* Ich will zeigen, dass mehr wissen und dümmer werden kein Gegensatz ist. Im Mittelpunkt steht dabei der Nachweis, dass … *(Nutzen hervorheben).* Ich widerspreche damit den optimistischen Aussagen über den Zuwachs an Wissen, die Kollege ABC vorgetragen hat *(Zusammenhänge herstellen).*

Grüßen und danken

„Meine sehr verehrten Damen und Herren, liebe Studierende." – So spricht der Ordinarius, der bald emeritiert wird. Wenn *Sie* vor Damen und Herren einen Vortrag halten, müssen Sie diese Damen und Herren nicht *verehren.* Sie sollten ihnen allerdings freundlich einen *guten Tag* (oder Morgen) wünschen und daran denken, dass Studierende auch Damen und Herren sind – schließen Sie deshalb Studentinnen und Studenten nicht aus dem Kreis der Damen und Herren aus.

Wie aufgeregt Sie vor einem Vortrag auch sein mögen: Selbstverständlich haben Sie sich über die Einladung zu diesem Kongress oder jener Tagung *gefreut* – für die Sie nur dann danken, wenn es *die* große Ausnahme ist, dass Sie als Doktorandin, Privatdozent oder Professorin ohne eigenes Institut eingeladen wurden. *Sie* bieten anderen etwas. Dafür müssen *Sie* sich nicht bedanken. Dank geht allenfalls an die,

- die den Diaprojektor oder andere Geräte bedienen,
- die an der Forschung mitgearbeitet haben, auf der Ihr Vortrag basiert. Assistentinnen und Assistenten, Kolleginnen und Kollegen können Sie sowohl am Anfang als auch am Ende Ihrer Ausführungen danken.

Schließlich spricht nichts dagegen, den Zuhörerinnen und Zuhörern ein wenig zu schmeicheln. Kolleginnen aus München und Kollegen aus Bamberg hören es gerne, dass Sie sich freuen, in ihrer *schönen Stadt* zu sein. Und in Norddeutschland freut sich das Publikum darüber, dass Sie vor dem Vortrag schon eine Briese *frische Meeresluft* getankt haben.

Der Abbildung 3 können Sie entnehmen, dass die Begrüßung nicht notwendig am Anfang eines Vortrags stehen muss. Im Abschnitt 2.4 gehe ich auf die Frage nach dem richtigen „Ort" für ein *Guten Tag* ein.

2. Im Zentrum: Hauptteil

Stimmt die Einleitung, erhalten Sie von den Zuhörerinnen und Zuhörern einen Vorschuss. Machen Sie etwas daraus. Sollte ich vor Medizinerinnen und Medizinern einen Vortrag halten, warum und wie viele Rednerinnen

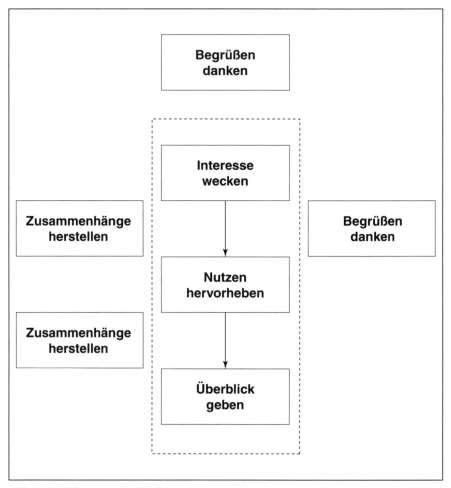

Abb. 3: Die Elemente einer Einleitung

und Redner mit dem Hauptteil ihren Vorschuss verspielen, würde ich den Hauptteil meines Vortrags in fünf Punkte gliedern:

1. Anamnese: Patient sagt viel und bringt nichts erkennbar auf den Punkt. Leistungen des Patienten und Nutzen für die Zuhörerinnen und Zuhörer bleiben unklar.

2. Ätiologie: Patient weiß nicht,
   - dass seine Zuhörerinnen und Zuhörer ein Lexikon besitzen;
   - dass ein roter Faden erkennbar sein muss.

3. Diagnose: WIAW-Syndrom

4. Therapie: Mehrmals täglich zwei Sätze von Tucholsky lesen:
   - „Der Redner sei kein Lexikon. Das haben die Leute zu Hause."

- „Merk Otto Brahms Spruch: Wat jestrichen is, kann nich durchfalln." (Bd. 8: 292)[8]

5. Prognose: Bei strikter Befolgung der Therapie gute Chancen auf einen strukturierten Vortrag.

Klar strukturieren

WIAW-Syndrom ist kein medizinischer Fachausdruck, sondern die Abkürzung für eine häufig zu beobachtende Vortragsschwäche: *Was-ich-alles-weiß*, bringe ich auch in meinem Vortrag unter. Aus unterschiedlichen Gründen (s.a. S. 18) verwechseln Wissenschaftlerinnen und Wissenschaftler einen Vortrag mit einem Wissensnachweis. Diese Verwechslung kann unterschiedliche Formen annehmen: Manche können sich nicht zu einer Feuerbestattung entschließen und setzen ihre Voruntersuchungen in Rand- und Klammerbemerkungen bei:

- „Lassen Sie mich an dieser Stelle in Klammern hinzufügen, dass ..."
- „Gestatten Sie mir in diesem Zusammenhang folgende Randbemerkung: ..."

Andere halten Fakten für selbstredend und für so wichtig, dass sie auf eine Ordnung und Gewichtung verzichten. Wieder andere meinen, alles und jenes müsse auf seinen historischen Ursprung zurückgeführt werden. Tucholsky:

„Fang immer bei den alten Römern an und gib stets, wovon du auch sprichst, die geschichtlichen Hintergründe der Sache. Das ist nicht nur deutsch – das tun alle Brillenmenschen. Ich habe einmal in der Sorbonne einen chinesischen Studenten sprechen hören, der sprach glatt und gut französisch, aber er begann zu allgemeiner Freude so: ‚Lassen Sie mich Ihnen in aller Kürze die Entwicklungsgeschichte meiner chinesischen Heimat seit dem Jahre 2000 vor Christi Geburt ...' Er blickte ganz erstaunt auf, weil die Leute so lachten. So mußt du das auch machen. Du hast ganz recht: man versteht ja sonst nicht, wer kann denn das alles verstehen ohne die geschichtlichen Hintergründe ... sehr richtig!" (Bd. 8: 291)

Schließlich können sich viele nicht von dem lösen, was für die *Erarbeitung* ihres Themas wichtig war, aber für die *Darstellung* des Themas, für die Argumentation unwichtig ist; ihr Motto: Wenn ich das schon gelesen habe, dann kommt das auch in meinem Vortrag vor.

Ob Sie informieren, analysieren, interpretieren, vergleichen oder bewerten: Es kommt darauf an, das Wesentliche in den Mittelpunkt zu stellen. Deshalb ist jede Information daraufhin zu überprüfen, ob sie

- notwendig ist, weil sie zum Verständnis der Sache beiträgt,

---

[8] Otto Brahm war ein bekannter Theaterkritiker und Anfang des letzten Jahrhunderts Leiter des Lessingtheaters in Berlin.

- Ihre Argumentation stützt oder die Argumentationslinien verdeckt,
- den Ertrag Ihrer Ausführungen und den Nutzen für die Zuhörerinnen und Zuhörer deutlich macht,
- last but not least: Ihre Leistungen erkennbar werden lässt.

Auch wenn es schwerfällt, sich von Formulierungen zu trennen, um die Sie hart gerungen haben: Die meisten Vorträge gewinnen, wenn Sie gekürzt werden. Weniger ist oft mehr. Oder in den Worten von Voltaire: „Alles sagen zu wollen, ist das Geheimnis der Langeweile."

Streichungen schaffen Platz für Wegweiser und andere Publikumslieblinge (die auf der S. 39 vorgestellt werden). Wegweiser zeigen den Zuhörerinnen und Zuhörern, wo Sie gerade sind, wie es weitergeht und wohin es geht.

Solche Wegweiser sollten regelmäßig aufgestellt werden und eine klare Orientierung geben. Zu wenige Informationen enthält folgender Wegweiser: „Ich komme zum zweiten Punkt" (dritten Frage, vierten Teil). Wenn Sie wandern, reicht es Ihnen nicht, wenn auf einem Wegweiser steht: „Hier geht es weiter". Sie erwarten den Hinweis, „Hier geht es nach ABC". Zuhörerinnen und Zuhörer erwarten bei Vorträgen Hinweise wie diese:

- Ich komme zur dritten Frage, zum Zusammenhang von A und B. Ich untersuche zwei Aspekte: 1. Wie … 2. Warum … Zunächst zur Frage nach dem Wie.
- Ich habe gezeigt, dass die Konzepte eines „guten Lebens" in der Selbstwahrnehmung von ABC und XYZ keine Berührungspunkte aufweisen. Ich will im zweiten Schritt verdeutlichen, dass …
- Der These der Hochschulrektorenkonferenz, Bildung sei für Hochschulen im Zeitalter der Globalisierung kein sinnvoller Auftrag mehr, wird vor allem von XYZ widersprochen. Auf seine Argumente gehe ich nun näher ein.
- Was kennzeichnet diesen Ansatz? Zum einen ein verkürztes Lernverständnis und zum anderen ein fragwürdiges Menschenbild. Was meine ich mit *verkürztem Lernverständnis*?

Verständlich formulieren

Wenn Sie in einem Aufsatz komplizierte Sätze formulieren, kann die Leserin oder der Leser zurückblättern und einen Satz nochmals lesen. Das macht niemand gerne. Deshalb sollten Sie verständlich schreiben. Bei einem Vortrag kann man einen Satz nicht zwei- oder dreimal hören. Deshalb sollten Sie sich besonders um Verständlichkeit bemühen – auch sich selbst zuliebe: Sie erleichtern sich das Vortragen. Zum einen fällt freies Sprechen entschieden leichter. Zum anderen entstehen keine sprachlichen Brüche, wenn Sie auf Zwischenfragen antworten oder einmal vom Konzept abweichen. Hört sich Ihr Vortrag sehr „akademisch" an und Sie können in der anschließenden Diskussion diesen Sprachstil nicht beibehalten, macht das keinen guten Eindruck.

Sie erleichtern das Verständnis Ihres Vortrags, wenn Sie

1. kurze Sätze formulieren,
2. rückbezügliche Fürworter vermeiden,
3. Fremdwörter sparsam verwenden,
4. die Zuhörenden nicht mit einem AküFi (Abkürzungsfimmel) ärgern,
5. mit Zahlen und Statistiken zurückhaltend sind.

Zu 1: Sätze mit mehr als 25 Wörtern sind schwer verständlich. Diese Feststellung gilt für gedruckte Texte. Um so mehr sollten Sie sich bei Vorträgen vor Satzmonstern hüten. Vermeiden Sie Bandwurm- und Schachtelsätze (ich komme im Abschnitt 2.1.4 darauf zurück). Nur wer sich nicht mitteilen will, sollte sich an Tucholskys *Ratschläge* halten:

„Sprich mit langen, langen Sätzen – solchen, bei denen du, der du dich zu Hause, wo du ja die Ruhe, deren du so benötigst, ... vorbereitest, genau weißt, wie das Ende ist, die Nebensätze schön ineinandergeschachtelt, so daß der Hörer ungeduldig auf seinem Sitz hin und her träumend, sich in einem Kolleg wähnend, in dem er früher so gern geschlummert hat, auf das Ende solcher Perioden wartet ...

Du mußt alles in die Nebensätze legen. Sag nie: ‚Die Steuern sind zu hoch.' Das ist zu einfach. Sag: ‚Ich möchte zu dem, was ich soeben gesagt habe, noch kurz bemerken, daß mir die Steuern bei weitem ...' So heißt das!" (Bd. 8: 291)

Unterstützen Sie Ihre Argumentation syntaktisch. Verstecken Sie die Hauptaussage nicht nach folgendem Muster im Nebensatz:

„Neue Steuerungsmodelle, übergreifende Managementansätze, effizienzsteigernde Organisationsprozesse sind Themen, mit denen sich öffentliche Verwaltungen angesichts des Kostendrucks und der erforderlichen Haushaltssanierungen zunehmend beschäftigen."

Der Hauptsatz lautet: „Neue Steuerungsmodelle ... sind Themen". Was ist wirklich wichtig? Dass sich die öffentlichen Verwaltungen mit neuen Steuerungsmodellen beschäftigen. Warum tun sie das? Weil sie unter Druck stehen. Ihre Aussagen werden verständlicher und prägnanter, wenn Sie Ihre Gedanken durch den Satzbau stützen. Der Ort für die Hauptaussage ist, wie der Name sagt, der Hauptsatz, an den sich die Begründung im Nebensatz anschließt:

„Öffentliche Verwaltungen beschäftigen sich zunehmend mit neuen Steuerungsmodellen, übergreifende Managementansätzen und effizienzsteigernden Organisationsprozessen [Aussage], weil der Kostendruck gestiegen ist und die Haushalte saniert werden müssen." [Begründung]

Zu 2: „Wer seinen Hund liebt, muß nicht auch seine Flöhe lieben", sagte Heiner Geißler einmal in einem *Zeit*-Interview. Wessen Flöhe meint er? Die eigenen? Oder die des Hundes? Wenn er die des Hundes meinte, wäre korrekt gewesen: „Wer seinen Hund liebt, muß nicht auch *dessen* Flöhe lieben."

Viele tun sich schwer mit *seine* und *dessen*, *dieser* und *jene*, mit Personal- und anderen Pronomen – beim Schreiben, Reden und beim Lesen: „Von Drogen abhängige Menschen halten sich meist dort auf, wo *sie* gespritzt oder geraucht werden." Wer wird gespritzt? Die Menschen oder die Drogen? Fürwörter führen leicht zu Rätseln. Vorträge sollten informativ sein – nicht rätselhaft.

In der Schule haben wir gelernt: Wer Wörter wiederholt, hat einen „schlechten Stil". Das ist richtig, denn wir langweilen uns, wenn wir zum Beispiel dreimal hintereinander *machen* oder *schön* hören. Bei Verben und Adjektiven sollte man sich, wie es in der Schule hieß, um einen „Wechsel im Ausdruck" bemühen. (Am Rande bemerkt: *machen* und *schön* sind nichtssagend. Wenn ich Hausarbeit *mache*, dann backe, koche, putze, bügle ich. Und ich wünsche mir keinen *schönen* Urlaub, sondern einen aufregenden, abwechslungsreichen, entspannenden, erholsamen.)

Die Empfehlung aus dem Deutschunterricht gilt für Substantive und Personen nur eingeschränkt. Im Johannes-Evangelium heißt es: „Im Anfang war das Wort, und das Wort war bei Gott, und Gott war das Wort." Dreimal *Wort* und zweimal *Gott* in einem Satz. Jeder Deutschlehrer würde den Rotstift zücken. Doch dieser Satz ist verständlich und eindringlich. Das läßt sich über die folgende „Übersetzung" nicht sagen, die Wolf Schneider als Warnung vor Pronomen dient: „Am Anfang war das Wort. Es befand sich bei Gott, und letzterer war identisch mit ersterem."(1985: 66)

Letzterer und *ersterem* machen den Text holprig und Sätze häufig schwer verständlich, weil gerätselt werden muß, für wen oder was ein Pronomen steht. Deshalb: „Wer seinen Hund liebt, muß nicht auch die Flöhe seines Hundes lieben" – zweimal überlegen, ob Sie ein Pronomen verwenden.

Zu 3: Folgen Sie bei der Verwendung von Fremdwörtern der Maxime, so viel wie nötig, so wenig wie möglich. Erläutern Sie Fachbegriffe, die Sie nicht als bekannt voraussetzen können.

Zu 4: Verwenden Sie eine Abkürzung, muss sie eingeführt werden: *Das Antidiskriminierungsgesetz, kurz ADG*. Sind Fachbegriffe wahre Zungenbrecher oder sehr lang – zum Beispiel Pyrrolizidinalkaloide, Pronominalisierungstransformation oder Aufmerksamkeits-Defizit-Syndrom –, wird niemand etwas gegen eingeführte Abkürzungen einwenden.

Zu 5: Seien Sie zurückhaltend mit Zahlen und Statistiken, denn sie sind ohne schriftliche Vorlage schwer zu verstehen und zu behalten.

Anschaulich statt schwergängig

„Die Leute sind doch nicht in deinen Vortrag gekommen, um lebendiges Leben zu hören, sondern das, was sie auch in den Büchern nachschlagen können". (Tucholsky Bd.8: 291)

Durch anschauliche Formulierungen, durch Beispiele, Bezüge zu aktuellen Ereignissen, rhetorische Fragen und durch den Einsatz von Medien können Sie „Leben" in Ihren Vortrag bringen.

Anschauliche Formulierungen
Wenn sich in der städtischen Grünanlage die Flora aufgrund ergiebiger Niederschläge positiv entwickelt, dann haben wir was? Einen scheußlichen Satz, das Gegenteil von anschaulich. Wenn nach einem Dauerregen im Stadtpark alles blüht, dann freuen Sie sich über die Natur und die anschauliche Formulierung.

Diese zwei Varianten derselben Sache zeigen: Sie können mit einfachen Worten einen Sachverhalt treffend beschreiben. Und Sie können mit schwergängigen, aufgeblasenen und leblosen Wörtern das Gegenteil erreichen.

Sie können sagen:

Die Unterschiede zwischen Individuen lassen sich auf zwei *Ursachenkomplexe* zurückführen, auf Unterschiede der *ererbten Anlage* und auf *umweltbedingte Unterschiede*. Die Abschätzung der *relativen Bedeutsamkeit* dieser beiden *Komplexe* ist von großem praktischen Interesse, da z.B. erzieherische, heilpädagogische und psychotherapeutische Arbeit in erster Linie dann Erfolg verspricht, wenn sie sich auf nicht in starrer Weise durch Erbfaktoren *festgelegte Eigenheiten des Verhaltens* richtet.

Und Sie können sagen:

Worauf sind die Unterschiede zwischen den Menschen zurückzuführen? Auf die Vererbung oder auf Umwelteinflüsse? Diese Frage ist von großer Bedeutung für die Praxis: Erziehung, Heilpädagogik und Psychotherapie können nur dann erfolgreich sein, wenn das menschliche Verhalten nicht durch Erbfaktoren festgelegt ist.[9]

Halten Sie es mit Schopenhauer: „Man brauche gewöhnliche Worte und sage ungewöhnliche Dinge."

Fragen
Fragen stellen eine Beziehung zu den Zuhörerinnen und Zuhörern her. Sie fordern zum Mitdenken auf. Frage:

1. „Wie hieß der erste sozialdemokratische Bundeskanzler?"
2. „Was ist der Sinn der Schöpfung?"
3. „Welche Nachteile haben E-Mails gegenüber Briefen?"

Die erste Frage ist zu eng und deshalb im Wissenschaftsbereich peinlich – also ungeeignet. Die zweite Frage ist zu weit und deshalb gleichfalls unge-

---

[9] Beide Varianten sind entnommen aus Franck (1999: 139).

eignet, weil sie außerhalb der Theologie einen grenzenlosen Antwortraum eröffnet. Die dritte Frage ist weder zu eng noch zu weit und eindeutig formuliert.

Wenn Sie eine Frage stellen, dann sollten Sie Ihren Zuhörerinnen und Zuhörern Zeit zum Nachdenken geben: Zählen Sie dreimal bis drei und schauen Sie dabei ins Publikum.

Ihre Frage kann eine echte oder eine rhetorische Frage sein. Wenn Sie von Ihren Zuhörerinnen und Zuhörern Antworten erwarten, sollten Sie das durch eine direkte Ansprache deutlich machen: „Was meinen Sie: Welche Nachteile haben E-Mails gegenüber Briefen?" Wollen Sie selbst die antworten, lautet die rhetorische Frage: „Welche Nachteile haben E-Mails gegenüber Briefen?"

Beispiele
Konkrete und *verständliche* Beispiele, die einen erkennbaren Bezug zum Thema haben, mag jedes Publikum. Beispiele aus der Praxis oder dem Alltag sind besonders beliebt. Beispiele sind allerdings – wie Medikamente – nur in der richtigen Dosierung hilfreich.

Vergleiche
Vergleiche können durch einen Perspektivenwechsel einen Sachverhalt verdeutlichen – wenn sie konkret und verständlich sind (mir sagen zum Beispiel die Vergleiche zum Rennsport nichts, die immer häufiger im Wirtschaftsteil der Zeitungen angestellt werden: Es interessiert mich nun einmal überhaupt nicht, ob ein *Schumi* oder *Eddy* aus der *Pole-* oder einer anderen *Position* startet). – Ein anschaulicher Vergleich, der in das Thema „Regenerative Energien und nachhaltiges Wirtschaften" einführt[10]:

Ein Segelboot fährt, aber es lärmt nicht und es stinkt nicht. Ein Segelboot braucht keine Energie, die produziert werden muß. Trotzdem fährt es, und dazu braucht es natürlich Energie. Woher kommt diese Energie? Ein Segelschiff fährt nur dann, wenn es (1) durch technische Intelligenz so gestaltet ist, daß es sich in seine natürliche Mitwelt – Wind und Wasser – einfügt, und wenn (2) …

Analogien
Durch Analogien können Zahlen, deren Größe unseren Erfahrungshorizont überschreitet, oder schwer überschaubare Zeiträume vorstellbar gemacht werden:

- Im Durchschnitt hat jede Großstadt in Rheinland-Württemberg 2 Milliarden Euro Schulden. Diese Summe könnte beglichen werden, wenn jede Stadt 39 Jahre lang jede Woche eine Million Euro im Lotto gewinnt.
- Wenn wir das Alter der Erde mit einer Woche gleichsetzen, dann wäre das Universum etwa zwei bis drei Wochen alt. Der Mensch wäre

---

[10] Diesen Vergleich stellte Meyer-Abich (1995: 196) an; ich habe ihn umformuliert.

während der letzten zehn Sekunden aufgetreten, und Hochschulen im modernen Sinne gäbe es noch keine Sekunde.

Signale setzen

Bemühen Sie sich um anschauliche Vorträge, um die „Herzen und Ohren" Ihres Publikums zu gewinnen, und setzen Sie die richtigen Signale, um die Bedeutung Ihres Vortrags zu unterstreichen. Ihr Vortrag beruht – zum Beispiel – auf einer *Analyse*, die zu neuen *Hypothesen* über einen *Gegenstandsbereich* führt, deren Bestätigung eine *Synthese* bislang widersprüchlicher *Ergebnisse* verspricht. Wenn dem so ist, dann verwenden Sie Begriffe *Analyse*, *Hypothesen*, *Gegenstandsbereich*, *Synthese*, *Ergebnisse*. Allgemeiner formuliert: Verwenden Sie die Termini, die angemessen wiedergeben, womit Sie sich in Ihrer wissenschaftlichen Arbeit auseinandersetzen – mit *Determinanten* und *Bedingungen*, *Kategorien* und *Strukturen*, *Genese* und *Entwicklung*, *Theorie* und *Methode*, *Ansätze* und *Anfänge*, *Grundlagen* und *Zusammenhänge* usw.

„Erzählen" – ich zitiere Formulierungen, die ich in meinen Rhetorik-Seminaren immer wieder höre – Sie nicht über vier „Dinge", von denen Sie „denken" oder „meinen", sondern *untersuchen* (*interpretieren* oder *analysieren*) Sie vier *Faktoren* (*Probleme* oder *Zusammenhänge*) und kommen Sie zu dem *Schluss* (*Ergebnis* oder der *These*). Das sind die *sprachlichen* Signale für Wissenschaft. Das sind die Termini, mit denen Sie verhindern, dass Sie Ihr Licht unter den Scheffel stellen. Deshalb nenne ich sie *Gewichtigmacher*. Auf der nächsten Seite finden Sie eine (unvollständige) Liste solcher – seriös formuliert: – problemstrukturierenden Begriffe.

Die Gewichtigmacher

Analyse	Charakteristik	Folgerungen
Anfänge		Formen
Ansätze	Daten	Fragen
Ansatzpunkt	Definition	
Aspekt	Determinanten	Geltungsbereich
Ausblick	Dimension	Geschichte
Ausgangspunkt		Gründe
	Einsichten	Grundfragen
Basis	Elemente	Grundlagen
Bedeutung	Entstehung	Grundstruktur
Bedingungen	Entwicklung	
Begriff	Ergebnis	Hauptströmungen
Begründung	Erkenntnisinteresse	Hintergrund
Beispiel	Erscheinungen	Hypothese
Beziehung		
	Fakten	Inhalte
	Folgen	Intentionen

Interesse	Ordnungskriterien	Synthese
Ist-Zustand		System
	Paradigmenwechsel	Systematisierung
Kategorien	Perspektiven	
Konkretisierung	Praxis	Techniken
Konsequenzen	Prinzip	Tendenz
Konzept(ion)	Problem	Terminologie
Kriterien		Thema
Kritik	Quellen	Theorie
	Querverbindungen	These
Leitgedanke		
Leitlinien	Relevanz	Übersicht
Lösung	Richtlinien	Ursprung
	Richtungen	
Merkmale		Vorgeschichte
Methode	Schema	Vorteil
Mittel	Schwerpunkt	
Modell	Schwierigkeit	Zukunft
	Situation	Zusammenhang
Notwendigkeit	Struktur	Zweck

3. Happyend: Schluss

Der Schluss muss stimmen. Was zuletzt gesagt wird, wirkt in der Regel am längsten nach. Geben Sie sich deshalb besondere Mühe mit dem Schluss.

Am Ende Ihres Vortrags sollte zunächst eine kurze Zusammenfassung Ihrer Hauptgedanken stehen:

- Ich fasse zusammen. Mir ging es erstens um …, zweitens um … und drittens um …
- Zusammengefasst: Ich habe gezeigt, dass erstens …, dass zweitens … und dass schließlich …

Wie Sie im Anschluss an diese Zusammenfassung wirksam schließen können, hängt vom Ziel und Inhalt Ihres Vortrags ab. Versuchen Sie eine „Taking-home-message" zu formulieren, einen oder zwei Sätze, die Ihren Vortrag auf den Punkt bringen. Das kann eine Schlussfolgerung, ein Ausblick, ein einprägsames Bild, ein Leitgedanken bzw. Motto sein. Zwei Beispiele, die an die Einleitung (vgl. S. 30) anknüpfen:

- Angesichts der anhaltenden Medienkonzentration ist Paul Sethes Feststellung, Pressefreiheit sei die Freiheit von *zweihundert* reichen Leuten, heute eine Erinnerung an gute alte Zeiten.
- Alle Fakten sprechen also dafür, dass eher ein Kamel durch ein Nadelöhr gelangt, als dass an deutschen Hochschulen das Leistungsprinzip eingeführt wird.

Die folgenden Sätze haben Teilnehmerinnen meiner Seminare, eine Germanistin bzw. eine Medienwissenschaftlerin, nach einer Übungssequenz über den Schluss eines Vortrags formuliert:

- „Der Autor appelliert also an das Herz aller Gutmütigen und an den Verstand aller Einfältigen. Die große Schnittmenge beider Gruppen erklärt seine Verkaufserfolge."
- „Jean Paul sagte vor 200 Jahren, Humor sei ‚überwundenes Leiden an der Welt'. Wenn diese Feststellung zutrifft, dann müssen Harald, Anke, Ingo und die anderen Mitglieder der deutschen Comedy-Familie eine glückliche Kindheit und Jugend gehabt haben."

Ist nach Ihrem Vortrag eine Diskussion vorgesehen, können Sie im Schluss – dezent – versuchen, Fragen für die Diskussion vorzugeben – zum Beispiel indem Sie mit einem Hinweis auf offene Fragen schließen.

Und der Dank für die Aufmerksamkeit? Der ist nicht verkehrt, aber auch nicht notwendig – schließlich haben Sie etwas geboten. Wenn Sie befürchten, das Publikum würde ohne das obligatorische „Vielen Dank für Ihre Aufmerksamkeit" nicht merken, dass Ihr Vortrag zu Ende ist, können Sie mit der Formulierung „und damit komme ich zum letzten Satz" (oder „mit dieser Feststellung schließe ich") das Vortragsende ankündigen.

Halten Sie den Schluss Ihres Vortrags schriftlich fest. Es gelingt nur Profis, spontan gute Formulierungen für den Schluss zu finden. Ich schließe diesen Abschnitt mit einer „Bedeutungsskala", die nochmals unterstreichen soll, wie wichtig die Einleitung und der Schluss eines Vortrags für den Gesamteindruck sind, den Sie hinterlassen.

Vortrag	Anteil am Vortrag	Anteil an der Gesamtbewertung
Einleitung	1/10 (max. 2/10)	1/3
Hauptteil	8/10 (7/10)	1/3
Schluss	1/10	1/3

2.1.3 Eine gute Stütze: Das Manuskript

Der freie Vortrag ist das Ideal – aber kein Muss und kein realistisches Ziel für den Soziologen ohne Vortragserfahrungen oder die Erziehungswissenschaftlerin, die heute in Münster, morgen in München und übermorgen in Mannheim zu verschiedenen Themen „vorsingen" muss.

Ein Manuskript ist keine Schande – man darf nur nicht daran „kleben". Ein Manuskript ist ein nützliches Hilfsmittel – wenn man es richtig einsetzt.

Das Manuskript ist Thema dieses Abschnitts. Ich stelle Ihnen drei Formen vor und gebe Hinweise zum Schreiben fürs Reden.

1. Die Manuskript-Form

In der Literatur wird gewöhnlich zwischen einem wörtlich ausgearbeiteten Manuskript und einem Stichwortkonzept unterschieden. Das ist eine sehr grobe Unterscheidung; es gibt zahlreiche Zwischenformen. Und es gibt nicht *das* richtige oder falsche Manuskript. Gestalten Sie Manuskripte nach Ihren Bedürfnissen und Voraussetzungen.

Das ausgearbeitete Manuskript

Das ausformulierte Manuskript gibt vielen Sicherheit. Das ist ein wichtiges Argument für diese Form. Wenn Sie sich dafür entscheiden, Ihren Vortrag wörtlich zu formulieren, dann sollten Sie den folgenden Satz beherzigen: Es ist ein widriges Gebrechen, wenn Menschen wie die Bücher sprechen. Schriftsprache hört sich vorgetragen meist steif an. Und der lange Satz, der auf dem Papier zweimal gelesen werden kann, bleibt bei einer Rede oft unverständlich. Reden Sie deshalb keine „Schreibe" (mehr dazu auf Seite 46 ff.).

Sparen Sie bei der Gestaltung des Manuskripts nicht an der falschen Stelle:

- Schreiben Sie groß, damit Sie Ihren Text ohne Mühe lesen können und nach Blickkontakt mit dem Publikum ohne Schwierigkeiten wieder den Anschluss finden. Wählen Sie am PC die Schriftgröße 14 und einen Zeilenabstand von 1,5.
- Lassen Sie einen breiten Rand, damit Sie jede Zeile mit einem Blick übersehen können.
- Heben Sie einzelne Gedanken optisch deutlich voneinander ab.
- Dosieren Sie Hervorhebungen richtig: werden **zu viele** HERVORHEBUNGEN <u>eingesetzt</u>, *geht* der ***Strukturierungs-Effekt*** <u>**verloren**</u>.

Sie können Handlungsanweisungen in Ihr Manuskript aufnehmen (z.B.: → Folie auflegen, ⇒ Handout verteilen) und mit Farben oder anderen Signalen Hinweise zum Sprechen einbauen (z.B.: – = betonen, / / = Pause).[11]

Aus unterschiedlichen Gründen – zum Beispiel weil viele Fragen gestellt werden – kann die Zeit knapp werden. Für diesen Fall ist es nützlich, wenn Sie die Passagen markiert haben, die Sie eventuell weglassen können. Denn

---

[11] Weil es fast keinen Fehler gibt, den ich in meinen Seminaren noch nicht erlebt habe, ein Hinweis auf Selbstverständliches: Verwenden Sie DIN-A-4-Blätter, wenn Sie das Manuskript in der Hand halten müssen: mindestens 90 Gramm-Papier, und beschriften Sie die Blätter nur einseitig.

von einem hektischen „Durchziehen" des gesamten Vortrags haben weder Sie noch Ihr Publikum etwas.

Die Nachteile eines Vortrags mit einem wörtlich ausgearbeiteten Manuskript kennen Sie:

- der Vortrag wirkt meist nicht lebendig;
- der Blickkontakt mit den Zuhörenden wird erschwert;
- es erfordert Routine, sich vom Manuskript zu lösen und dann wieder die richtige Zeile zu finden;
- die Versuchung ist groß, durchgängig abzulesen;
- abgelesene Vorträge werden oft zu schnell gesprochen und so die Zuhörerinnen und Zuhörer überfordert.

Das Stichwort-Manuskript

Diese Nachteile können bei einer Rede nach Stichworten vermieden werden. Profis arbeiten ihr Konzept gleich in Stichworten aus. Das setzt große Sachkenntnis und Erfahrung voraus. Es geht auch anders: Zunächst wird der Vortrag wörtlich ausgearbeitet, um dann Stichworte für die Rede herauszuziehen.

Das Stichwortkonzept schließt nicht aus, bestimmte Passagen auszuformulieren. Sie können, zum Beispiel, die Einleitung Wort für Wort aufschreiben, um Anfangsunsicherheiten zu überwinden. Zitate sollten Sie auf jeden Fall vollständig (mit Quellenangabe) notieren. Es sind also auch *Mischformen* zwischen ausgearbeitetem Manuskript und Stichwortkonzept möglich.

Wenn Sie nach Stichworten reden wollen, aber noch unsicher sind, ob das auch klappt, kommen Sie mit einem „Doppel-Manuskript" weiter: Sie arbeiten Ihren Vortrag Wort für Wort aus und lassen dabei auf der rechten Seite des Blattes einen großen Rand, auf dem Sie Stichworte notieren. Sie halten Ihren Vortrag auf der Grundlage von Stichworten; zur Sicherheit haben Sie auch den ausformulierten Text vor sich, auf den Sie jederzeit zurückgreifen können.

Gedanken-Landkarte

Eine Gedanken-Landkarte, neudeutsch *Mind Map*, als Vorlage hat den großen Vorteil, dass Sie mit nur einem Blatt auskommen und das gesamte Thema stets auf einen Blick vor sich haben. Zudem enthält ein Mind Map bereits sprachliche Hilfestellungen. Ich verdeutliche das am Beispiel eines Mind Maps über die bisherigen Abschnitte dieses Kapitels, das mir auch als Grundlage für Vorträge in meinen Seminaren dient.

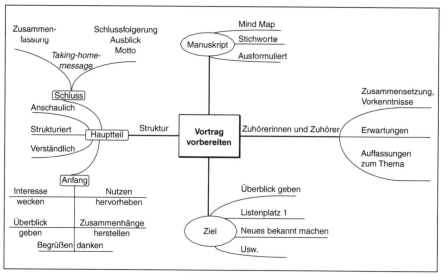

Abb. 4: Mind Map – Vortrag vorbereiten

Das Bild gibt optisch die Formulierungshilfe: „Ich gehe auf vier Aspekte der Vorbereitung eines Vortrags ein." Ich „sehe": Bei der Struktur liegt der Schwerpunkt meiner Erläuterungen. Meine Augenbewegung „sagt" mir, dass ich „zunächst auf das Ziel eines Vortrags eingehe". Komme ich während des Vortrages in Zeitnot und muss deshalb einige Gesichtspunkte weglassen, sehe ich auf einen Blick, was ich auslasse und zu welchem Punkt ich springe.

Zahlen, Daten und Zitate können auf gesonderten Blättern notiert werden, und die Abfolge des Vortrags lässt sich durch Zahlen kennzeichnen.

2. Schreiben fürs Reden und Verstehen

Viele Vorträge kommen nicht deshalb schlecht an, weil sich die oder der Vortragende auf ein ausformuliertes Manuskript stützt. Viele Vorträge werden vielmehr deshalb als Zumutung empfunden, weil sie leblos wirken. Leblos wirken sie, weil sie auf Schriftsprache beruhen.

Vielleicht gefällt Ihnen zweimal „Viele Vorträge" am Satzanfang nicht. Vielleicht mögen Sie die Wiederholung von „leblos wirken" nicht. Was Ihnen im geschriebenen Text als pure Wiederholung missfallen mag, empfehle ich Ihnen für Vorträge: Die *Anapher* und die *Kontakt-Stellung*. Mit diesen rhetorischen Mitteln können Sie die Bedeutung einer Aussage wirkungsvoll unterstreichen. Allgemeiner formuliert: Derselbe Satz hat nicht immer die gleiche Wirkung. Wie können Sie eine schlechte Wirkung vermeiden und eine gute erreichen?

Keine akademische Prosa

„Da das Begreifen von Zusammenhängen optimal nur durch tätiges Erproben gewonnen wird, unser Alltag jedoch immer weniger Anlässe gibt, praktische Erfahrungen zu machen, müssen wir in der pädagogischen Arbeit bewusst entwickelte Gelegenheiten zur Förderung, Entfaltung und Differenzierung sinnlicher Aktivitäten bieten."

„Die aktive Form der professionellen Personalsuche, das so genannte Executive Search, ist darauf abgestellt, gezielt nach den besten Kandidaten/innen für eine zu besetzende Position zu suchen."

„Da es sich bei den vom Executive-Search-Berater angesprochenen Kandidaten/innen naturgemäß um Persönlichkeiten handelt, die erfolgreich in ihrer aktuellen Position wirken und arbeiten, möchten diese – im Falle des Scheiterns eines Kontaktes – ihre Position natürlich nicht gefährdet sehen. Im fortgeschrittenen Prozess ist deshalb auch die Diskretionszusicherung des Klienten für eine erfolgreiche Gesprächsfortsetzung mit interessierten Kandidat/innen entscheidend."

Drei Satz-Ungetüme. Wer so schreibt, mutet Leserinnen und Lesern einiges zu. Wer solche Sätze im Vortragsmanuskript stehen hat, mutet Zuhörerinnen und Zuhörer viel zu – und macht sich das Vortragen schwer. Diese Formulierungen sind umständlich und leblos. In diese Sätze bekommen Sie keine Betonung. Diese Formulierungen lassen sich nicht mit Nachdruck vortragen. Deshalb müssen diese Sätze umgebaut und abgespeckt werden.

Satz 1 – Umbauphase 1: Ein klarer Textaufbau.

1. Worum geht es? Hauptaussage: In der pädagogischen Arbeit sinnliche Aktivitäten fördern und entfalten.
2. Warum ist das wichtig? Allgemeine Begründung: Zusammenhänge werden optimal nur durch tätiges Erproben begriffen.
3. Was steht dem entgegen? Besondere Umstände: Der Alltag bietet immer weniger Möglichkeiten, praktische Erfahrungen zu machen.

Das Ergebnis: „Wir müssen in der pädagogischen Arbeit bewusst entwickelte Gelegenheiten zur Förderung, Entfaltung und Differenzierung sinnlicher Aktivitäten bieten, denn das Begreifen von Zusammenhängen wird optimal nur durch tätiges Erproben gewonnen. In unserem Alltag jedoch gibt es immer weniger Anlässe, praktische Erfahrungen zu machen."

Satz 1 – Umbauphase 2: Abschied vom Fachjargon
Ein klarer Satzbau hilft nicht viel weiter, weil das verquaste Pädagogen-Deutsch leblos und für viele Menschen unverständlich ist:

• *bewusst entwickelte* Gelegenheiten – können Gelegenheiten *unbewusst entwickelt* werden?
• *sinnliche* Aktivitäten – gibt es *unsinnliche* Aktivitäten?
• *tätiges* Erproben – ist *ausprobieren* etwas anderes, kann man *untätig* erproben?

- *Begreifen* von Zusammenhängen *wird gewonnen* – wie geht das?

Das Endergebnis: „Wir müssen Kindern ermöglichen, mit allen Sinnen zu lernen, denn Zusammenhänge können sie nur durch den praktischen Umgang mit ihrer Umwelt richtig begreifen. In unserem Alltag gibt es jedoch immer weniger Möglichkeiten, praktische Erfahrungen zu machen."

Satz 2: Hier hilft nur radikales Abspecken. Die Hälfte der Wörter reicht. Die andere Hälfte ist Murks:

- *aktive* Form: passiv kann man nicht suchen,
- *ist darauf abgestellt*: unnötiger Einschub,
- *gezielt* suchen: *ungezielt* sind die besten Kandidatinnen und Kandidaten wohl kaum zu finden,
- *für eine zu besetzende Position*: wofür sonst?

Also: „Professionelle Personalsuche, Executive Search genannt, bedeutet: nach den besten Kandidatinnen und Kandidaten suchen."

Satz 3: Was soll uns dieser Text sagen? Er enthält zwei Überlegungen:

1. Executive-Search-Berater sprechen Kandidatinnen und Kandidaten an, die einen Job haben, den sie nicht gefährden wollen.
2. Ist ein Kontakt hergestellt, muss der Auftraggeber des Executive-Search-Beraters den interessierten Kandidatinnen und Kandidaten Diskretion zusichern. Das ist Voraussetzung für eine erfolgreiche Fortsetzung des Gesprächs.

Das lässt sich ohne unnötige Einschübe, ohne Bombast wie „wirken und arbeiten" und das überflüssige „natürlich" so formulieren: „Executive-Search-Berater sprechen Kandidatinnen und Kandidaten an, die erfolgreich arbeiten und ihre Stelle nicht gefährden wollen. Diskretion ist daher oberstes Gebot für eine erfolgreiche Verhandlung mit interessierten Kandidatinnen und Kandidaten."

Ich verallgemeinere diese Anmerkungen und Überarbeitungen:

1. Silbenschleppzüge vermeiden
   Sie können jeden Vortrag ohne *Diskretionszusicherung* und *Gesprächsfortsetzung* bestreiten – und ohne *Richtwertfindung, Gebrauchtwagendaten, Produktivitätskapazitätserweiterung, Energieeinsparungseffekt, Schadstoffkonzentrationszuwachs* oder *Werbemittelsondereinsatz.*
2. Überflüssiges streichen
   Zum Beispiel: *gezielt* vor suchen, *gemacht* vor Erfahrungen (oder Aussagen), *näher* vor Einzelheiten usw.
3. Streckverben vermeiden
   „Erst stirbt der Wald, dann stirbt der Mensch." Dieser Satz ist einprägsam. Auch deshalb wurde er populär. Niemand hätte folgende Formu-

lierung behalten: „Erst *kommt* der Wald *zu Tode*, dann *scheidet* der Mensch *aus dem Leben.*" Deshalb:

* ermöglichen statt *Gelegenheit bieten*,
* können statt *in der Lage sein*,
* beachten statt *Beachtung schenken*,
* prüfen statt *einer Prüfung unterziehen*.

Von Streckverben, der exakte Begriff ist Funktionsverben, rate ich vor allem deshalb ab, weil sie zu Schachtelsätzen einladen. Ein Beispiel:

Herr Blum *macht*, das ist zum einen Ausdruck seiner langjährigen Erfahrung in vielen mittelständischen Unternehmen und zum anderen seines Verständnisses von moderner Personalführung, allen Beschäftigten, sowohl den Arbeiterinnen und Arbeitern als auch den Angestellten und den freien Mitarbeiterinnen und Mitarbeitern, regelmäßig *Mitteilung* über die Firmenentwicklung.

Nach 38 Worten erfahren wir, was Herr Blum *macht*. In der Zwischenzeit darf gerätselt werden: Macht Herr Blum

* Unsinn?
* als letzter das Licht aus?
* ein Fass auf?
* sich ein schönes Leben?

Der zweite Teil des Streckverbs steht am Satzende. Die Zuhörerinnen und Zuhörer müssen sich bei solchen Sätzen sehr anstrengen, um die Satzaussage (*Mitteilung machen*) zu verstehen. Diese Zumutung muss nicht sein.

4. Auf Imponier-Verben verzichten
   Es genügt, wenn die vom „vom Executive-Search-Berater angesprochenen" Kandidaten und Kandidatinnen erfolgreich arbeiten. Sie müssen nicht auch noch *wirken*. Ein Vorschlag muss nicht viele Anregungen *beinhalten*; alle sind zufrieden, wenn er viele Anregungen enthält.

5. Schachtel- und Bandwurmsätze vermeiden.
   Es ist unhöflich, andere Menschen zu unterbrechen. Und es ist unfreundlich gegenüber Zuhörerinnen und Zuhörern, Aussagen durch mehrere Nebensätze zu unterbrechen. Solche Unterbrechungen machen es schwer, einem Vortrag zu folgen. Vermeiden Sie deshalb Schachtelsätze. Dazu haben Sie vier Möglichkeiten:

   * Nebensätze anhängen
   Reden Sie nicht verschachtelt (aus dem Vortragsmanuskript eines Politikwissenschaftlers): „Gorbatschows Politik der Koexistenz und Abrüstung wurde von Generalinspekteur Wellershoff als Phase, die – ich zitiere – ‚zur Schwächung des Gegners genutzt werden soll', bezeichnet."

   Stellen Sie die Nebensätze hinter den Hauptsatz: Generalinspekteur Wellershoff bezeichnete Gorbatschows Politik der Koexistenz und Abrüstung als Phase, die – Zitat – „zur Schwächung des Gegners genutzt werden soll."

- Einen Punkt setzen
  Es ehrt Sie, wenn Sie mehr als einen Gedanken haben. Präsentieren Sie Ihren Gedankenreichtum angemessen – und nicht alle Gedanken in einem Satz.

- Satzaussage dicht beim Satzgegenstand
  Mark Twain bemerkte einmal: „Wenn der deutsche Schriftsteller in einen Satz taucht, dann hat man ihn die längste Zeit gesehen, bis er auf der anderen Seite seines Ozeans wieder auftaucht mit seinem Verbum im Mund."
  Nicht nur deutsche Literaten stellen die Satzaussage gerne an das Satzende. Ein Beispiel aus dem bereits zitierten Manuskript: „Von der SPD wurde Generalinspekteur Wellershoff, der seine Thesen in einem ‚Leitfaden' zur politische Bildung in der Bundeswehr veröffentlicht hatte, heftig kritisiert."

  Die SPD und die Satzaussage gehören zusammen: *Die SPD kritisierte* die Thesen von Wellershoff heftig, die der Generalinspekteur in einem „Leitfaden" zur politische Bildung in der Bundeswehr veröffentlicht hatte.

- Zusammengesetzte Verben zusammen lassen
  „Ich schlage vor eine kleine Pause", sagen Südeuropäer, deren Deutsch noch nicht perfekt ist. „Ich *schlage*, sofern es keine Einwände gibt und wir uns wirklich auf fünf Minuten beschränken können, eine kleine Pause *vor*" – können wir im Deutschen sagen. Die Möglichkeit, zusammengesetzte Verben zu trennen, haben zum Beispiel Italienerinnen und Italiener nicht. Deshalb sagt kein italienischer Wirtschaftswissenschaftler:

  „Im Rahmen unserer Einzelhandels-Untersuchung *wurden* zum Beispiel neben konkreten Handlungsempfehlungen für den Einzelhandel insbesondere auch übergreifende Maßnahmen zur Förderung der Gesamtattraktivität des Landkreises Osnabrück *empfohlen* – unter anderem in den Bereichen städtebauliche Attraktivität, Erreichbarkeit und Angebotsvielfalt."

  Nach 19 Wörtern erfahren wir, was „im Rahmen der Einzelhandels-Untersuchung *wurde*". Bis das erlösende *empfohlen* kommt, dürfen wir rätseln (zum Beispiel, ob viel Unsinn gemacht wurde). Der Satz ist kein Schachtelsatz – aber nichts ist unmöglich. Die Trennung von *wurden* und *empfohlen* lädt zum Schachteln ein. Ich konstruiere ein Beispiel:

  Im Rahmen unserer Einzelhandels-Untersuchung *wurden*, das war eine Verabredung zwischen dem Lehrstuhl und der Kreisverwaltung, die deshalb umstritten war, weil die Interessenvertretung der Architekten, die ihre Interessen beeinträchtigt sahen, in der Kreisverwaltung einflussreiche Fürsprecher hatte, zum Beispiel neben konkreten Handlungsempfehlungen für den Einzelhandel insbesondere auch übergreifende Maßnahmen zur Förderung der Gesamtattraktivität des Landkreises Osnabrück *empfohlen* ...

Schon haben wir 49 Wörter zwischen *wurde* und *empfohlen*. Sprechen Sie deshalb wie eine Wirtschaftswissenschaftlerin aus Italien reden würde:

In unserer Einzelhandels-Untersuchung geben wir konkrete Handlungsempfehlungen für den Einzelhandel und schlagen übergreifende Maßnahmen vor zur Förderung der Gesamtattraktivität des Landkreises Osnabrück – unter anderem in den Bereichen städtebauliche Attraktivität, Erreichbarkeit und Angebotsvielfalt.

Um genau zu sein: Die Italienerin würde weder *Einzelhandels-Untersuchung* noch *Handlungsempfehlungen* oder *Gesamtattraktivität* sagen, sondern: In unserer Untersuchung über den Einzelhandel geben wir zum einen konkrete Empfehlungen, was der Einzelhandel tun kann. Zum anderen machen wir Vorschläge, wie der gesamte Landkreis attraktiver werden kann. Bella Italia!

Verben, die sich nicht zerlegen lassen, beugen der Trennung von Satzgegenstand und Satzaussage vor – und damit auch Schachtelsätzen:

- informieren   statt   mitteilen (teilte mit)
- beteiligen   statt   teilnehmen (nahm teil)
- können   statt   möglich sein
- formulieren, sagen   statt   vortragen (trug vor)

6 Schließlich können Sie mit einem Doppelpunkt Sätze übersichtlich machen. Statt: „Bei Problemen *können* die Personaldezernentin, der Personalrat, die Frauenbeauftragte oder die Mitarbeiterinnen und Mitarbeiter der psychosozialen Beratungsstelle *angesprochen werden*."
Besser: „Bei Problemen können angesprochen werden: die Personaldezernentin, der Personalrat, die Frauenbeauftragte ..."
Oder: „Bei Problemen können sie die Personaldezernentin ansprechen, den Personalrat, die Frauenbeauftragte ..."

Höre ich in meinen Seminaren

- „Als *Beispiel* möchte ich folgendes *Beispiel* bringen ...";
- „Diese Frage wirft ein *echtes* Problem auf" (dessen Lösung vielleicht *total* wichtig ist);

dann – und wenn *gewissermaßen, tja, wie soll ich sagen, Äh, nicht wahr* und *Mhm* sich häufen – empfehle ich der Teilnehmerin oder dem Teilnehmer, sich auf ein ausformuliertes Manuskript zu stützen.

Höre ich

- „Wie *oben* gezeigt, ist ...";
- „zur *Durchführung* dieses Reformprogramms *müssen* drei *Voraussetzungen*, die miteinander verknüpft sind, *gegeben sein*";

dann erinnere ich daran, dass ein Vortrag kein Aufsatz ist und empfehle, die Möglichkeiten eines ausgearbeiteten Manuskripts zu nutzen: prägnante und anschauliche Sätze vorzubereiten, pointiert zu formulieren.

Rhetorische Stilfiguren

Ich habe auf den Seiten zuvor gezeigt, wie Sie zu einem Manuskript gelangen, das eine gute Stütze für einen verständlichen und anschaulichen Vortrag ist, der lebhaft vorgetragen werden kann. Das ist das Pflichtprogramm. Die Kür folgt: Hinweise auf sieben Stilmittel, mit deren Hilfe Sie Abwechslung und Nachdruck in Ihren Vortrag bringen können.[12] Auf die *rhetorische Frage*, den *Vergleich*, das *Beispiel* und andere Publikumslieblinge habe ich bereits hingewiesen (vgl. S. 39 f.).

1. Say it again
   Ein Professor für Allgemeine Rhetorik schreibt:

   „Wortwiederholungen *dienen* der Absicht der Wirkungssteigerung und Vereindringlichung, sie *dienen* der Betonung zeittypischer Begriffe *und* Gefühlshaltungen *und* sind besonders affektanregend, was sich auch im alltäglichen Sprachgebrauch äußert." (Ueding 1996: 70f. – Herv. N. F.)

   Das hat er schön formuliert – und an der falschen Stelle wiederholt, was sich auch in einem Vereindringlichungs- und Affektanregungsmangel äußert. Was wollte Ueding mitteilen? Wortwiederholungen können die Wirkung einer Aussage steigern. Etwa so: *Wortwiederholungen* sollen eine Aussage eindringlicher und damit wirksamer machen. *Wortwiederholungen* dienen dazu, zeittypische Begriffe und Gefühlen zu betonen. *Wortwiederholungen* sprechen, das lässt sich im Alltag beobachten, vor allem Gefühle an.

   Sie können, um eine Aussage zu unterstreichen, das erste Wort oder die ersten Worte eines Satzes wiederholen:

   - Er ist einfach. Er ist verblüffend. Er war bis vor kurzem nur der Fachwelt bekannt: der Kreuzvariablen-Ansatz von Müller-Nachfelder.
   - Sie verachten Homosexuelle. Sie verachten „Bürohengste". Sie verachten Mitschüler, die sich ernsthaft am Unterricht beteiligen. Der

---

[12] Ich verzichte darauf, die Fachbegriffe für diese Wortfiguren aufzuführen, und ich zitiere auch keine Beispiele aus der Literatur oder aus Reden berühmter Männer. All dies finden Sie bei Ueding (1996).

Grund: Homosexualität, Büroarbeit und Lernen liegt für *sie* auf einer Bedeutungsebene – es ist unmännlich.

Sie können die Worte, die wiederholt werden sollen, auch ans Satzende stellen: Homosexuelle verachten sie. „Bürohengste" verachten sie. Und Mitschüler, die sich ernsthaft am Unterricht beteiligen, verachten sie. Der Grund: ...

2. Kontakt-Stellung
Dieses Stilmittel hilft, die Aufmerksamkeit auf einen zentralen Begriff zu lenken:

- Auf den Neoliberalismus folgte die Politik der „Neuen Mitte". Die *Neue Mitte* ist ...
- Das ist vor allem eine Herausforderung für die Personalentwicklung. *Personalentwicklung* muss heute ...

Sie können die Kontakt-Stellung – leicht abgewandelt – auch verwenden, um ein wenig Ironie in die Schilderung oder Bewertung eines Sachverhalts zu bringen:

- Daher gilt die Pflicht zur Rechtshilfe. Recht hilfreich ist eine kommissarische Zeugenvernehmung allerdings nicht, denn ...

3. Bau-Gleichheit
Rhythmus können Sie in Ihren Vortrag bringen, wenn Sie drei oder vier Sätze auf die gleiche Art und Weise „bauen":

- Sie hat in Boston ihr Diplom gemacht. Sie hat in Paris promoviert. Sie hat in Bonn habilitiert. Und sie hat am meisten bei *Aldi* gelernt. Ihre Sommerjobs, betonte die Nobelpreisträgerin ...

4. Über Kreuz
Ein zweites Rhythmus-Instrument sind Satzfolgen, bei denen der zweite Satz in der umgekehrten Reihenfolge konstruiert ist:

- Ein Seminar ist eine 90 Minuten-Hölle. Die Hölle ist täglich ein Seminar.
- (Kundenorientierung heißt:) Eine Kundin reklamiert erbost. Freundlich antworten wir ihr.
- Diese Ziele zu formulieren, ist leicht. Schwer ist es, ...

5. Bilder, Metaphern
Bilder und Metaphern können einen Vortrag lebendig machen. Doch Vorsicht: Selbst Profis greifen oft daneben. Bilder verblassen und Metaphern sind nicht mehr originell, wenn wir sie hundertmal gelesen oder gehört haben – zum Beispiel: Ende der Fahnenstange, Auge des Gesetzes, das Kind mit dem Bade ausschütten, Zahn der Zeit, springender Punkt. Ich empfehle, bekannte Bilder oder Metaphern nur dann zu verwenden, wenn sie originell fortgesetzt werden können:

- Diesmal genügte es der Gesundheitsministerin nicht, das Kind mit dem Bade auszuschütten; diesmal musste sie dem Kinde auch noch Seife in die Augen reiben.
- Im Land, wo die Zitronen blühen, blüht seit drei Jahren auch die Konjunktur, weil ...

6. Überraschung
Mit Adverbien, die scheinbar im Gegensatz zum Verb stehen, können Sie für Aufmerksamkeit sorgen:

- Die Außenministerin zeigte ihrem deutschen Kollegen *charmant* die kalte Schulter.
- Die Kritik von ABC am Wohlfahrtsstaat der sechziger und siebziger Jahre lässt sich in dem Satz zusammenfassen: Der Staat war *erbarmungslos* großzügig.
- Der Kanzler lächelte *eisig* über den Vorschlag des Umweltministers.

7. Verkürzung
In (Zwischen-)Zusammenfassungen oder Einleitungen können Sie mit verkürzten Sätzen ein Ergebnis oder eine These pointieren:

- *Hohe Motivation effiziente Produktion* – statt: Eine hohe Motivation der Arbeitnehmerinnen und Arbeitnehmer begünstigt eine effiziente Produktion.
- *Am Anfang Aufmerksamkeit wecken* – statt: Am Anfang eines Vortrags kommt es daran, Aufmerksamkeit zu wecken.
- *Low budget high risk.*
- *Kein Fortschritt ohne Risiko.*

2.1.4 Der letzte Schliff und ZAK: Zeit, „Ausrüstung" und Kleidung

Vielleicht beschäftigen Sie sich in Ihrer wissenschaftlichen Arbeit mit Feldrandbedingungen oder intervenierenden Variablen. Auf den nächsten Seiten informiere ich über Vortrags„rand"bedingungen. Zunächst geht es um ein Muss der Vorbereitung: den letzten Schliff.

1. Probesprechen

Wenn der Vortrag „steht", wenn das Manuskript geschrieben ist – geht die Vorbereitung weiter. Solange Sie noch kein Vortragsprofi oder routinierte Rednerin sind, sollten Sie Ihren Vortrag proben. Als Frage formuliert: Ist Ihr nächster Vortrag wichtig? Wenn ja, sollten Sie es wie eine Politikerin oder ein Schauspieler halten: proben. Das geht auch ohne Regisseurin oder Beraterstab.

Rehearsel ist das englische Wort für die Probe im Theater. Streichen Sie die letzten drei Buchstaben und Sie haben eine Probe-Anleitung: *rehear*. Hören Sie sich Ihren Vortrag viermal an. Dann „sitzt" er. Versuchen Sie nicht, Ihren Vortrag auswendig zu lernen, sondern sprechen Sie ihn sich viermal *laut* vor, und prüfen Sie,

- ob Sie die vorgegebene Zeit einhalten. Sie könne über alles reden – aber nie länger als 45 Minuten;
- ob Ihnen an bestimmten Stellen Formulierungen verunglücken oder Sätze geschraubt klingen;
- ob die Übergänge stimmen und verständlich sind;
- ob Sie Beispiele und Fragen, den Anfang und das Ende frei sprechen können.

Die Sprechprobe erfüllt drei Funktionen:
1. Sie ist Voraussetzung, um am Vortrag gezielt feilen zu können, ihm den letzten Schliff zu geben.
2. Sie dient dazu, sich mit dem Manuskript wirklich vertraut zu machen: Pausen zu „sehen", Anschlüsse mühelos zu „finden".
3. In Ihrem Kopf entstehen „Klangbilder": Für viele Formulierungen brauchen Sie nicht in Ihr Manuskript zu schauen, über bestimmte Übergänge müssen Sie nicht mehr nachdenken. Sie entstehen „wie von selbst", und sie klingen nicht – wie auswendig Gelerntes – steif.

Diese Phase der Vorbereitung ist Teil der Arbeit an einem Vortrag. Wenn Sie sich keine *Rehear-Time* nehmen, sind Sie unzureichend vorbereitet. Geschliffene Vorträge sind wohltuend, weil das Geräusch des Schleifens bereits verklungen ist.

2. Vorbereiten, was vorzubereiten ist

Ich habe häufig erlebt, dass ich zwar freundlich gebeten wurde, in A oder B einen Vortrag zu halten – mir aber nicht einmal ein Glas Wasser angeboten wurde, um mir die 45 Vortragsminuten zu erleichtern. Deshalb reise ich seit einigen Jahren mit Wasser und eigenem Glas zu Vorträgen. Und bevor ich losfahre, erkundige ich mich rechtzeitig,

- mit wie vielen Zuhörerinnen und Zuhörern zu rechnen ist. Da man angenehme Überraschungen nicht ausschließen sollte, gebe ich bei der Zahl der Kopien meines Handouts (vgl. S. 86) zehn Prozent zu;
- ob der Raum mit allem ausgestattet ist, was ich für meinen Vortrag brauche;
- nach der Bahnverbindung;
- wo genau ich erwartet werde.

Das akademische Viertel drehe ich um: Ich bin mindestes fünfzehn Minuten vor Beginn am Vortragsort und prüfe, ob

- gelüftet werden muss, weil die Luft schlecht ist;
- der OH-Projektor funktioniert (und die Glasplatte sauber ist);
- die Tafel gewischt ist;
- das Mikrofon funktioniert, weil ich es neidlos Rockmusikern überlasse, ihr Publikum mit einem „Test, Test" oder „one, two, one, two" zu unterhalten.

Zudem kann es notwendig sein,
- sich mit der Beleuchtung vertraut zu machen,
- die „Papiertafel" (Flip-Chart) umzustellen,
- Redepult und OH-Projektor näher zusammen zu rücken.

Sie sollten in jedem Falle

- in aller Ruhe Ihre Unterlagen zurechtlegen können,
- nicht vor Publikum die Handout-Kopien sortieren oder die Schärfe des Projektors ausprobieren,
- nicht in der Aktentasche nach dem Zeigestab bzw. Laserpointer suchen,
- nicht über eine Verlängerungsschnur stolpern, nur weil Sie keine Zeit hatten, einen Blick auf den Boden zu werfen.

Und was ziehe ich an? – hat in meinen Trainings noch nie ein Mann gefragt. Ich weiß nicht, ob diese Frage für Männer keine Frage ist, oder ob Männer diese Frage peinlich finden. Ich weiß, Frauen beschäftigt diese Frage. Und ich weiß, dass viele meinen, sie seien berufen, Ratschläge zur Kleidung zu geben. Frauen zerbrechen sich den Kopf, was sie anziehen sollen – und stellen häufig fest, dass die Männer, die ihrem Vortrag zuhören, schlecht gekleidet sind: Die Ärmel des Pullovers sind durchgescheuert, das Jackett sitzt schlecht, auf der Krawatte sind Spuren vom Frühstücksei und die Jeans scheint seit dem letzten Wanderurlaub nicht mehr gewaschen worden zu sein.

Ich verallgemeinere unzulässig: Juristen, zum Beispiel, sind meist korrekt bis modisch gekleidet. Auf die Frage, was ziehe ich an, lautet daher die erste Antwort: Ziehen Sie sich *angemessen* an. Was *angemessen* ist, hängt stark von der Fachkultur ab. Was in Rechts- oder Wirtschaftswissen angemessen sein mag, kann in den Sozialwissenschaft als *overdressed* angesehen werden. Und die Kleidung, die für einen Bewerbungsvortrag an einer Hochschule in Nord- oder Westdeutschland angemessen ist, kann in Ost- oder Süddeutschland als *zu leger* registriert werden. Sie kennen den (heimlichen) *Dress-Code* Ihrer Disziplin am besten. Ich kann Ihnen einen zuverlässigen Tipp geben: Was immer Sie anziehen, Sie sollten das Kleid oder die Hose schon einmal getragen haben und sicher sein, dass Sie sich in dem Jackett oder der Bluse wohlfühlen.

Frauen haben gute Chancen, die falsche Wahl zu treffen. Sind sie chic an-
gezogen, laufen sie Gefahr, als „Modepuppe" abgewertet zu werden.
Wählen Frauen ein schlichtes Outfit, kann zum Beispiel in einer Berufungskommission der Satz fallen: „Wenn wir schon eine Frau nehmen,
dann soll sie wenigstens etwas aussehen." Mit diesem Hinweis will ich
Frauen nicht entmutigen. Wenn Sie es ohnehin nieMANdem recht machen
können, ist das ein guter Grund das anzuziehen, was Ihnen gefällt: Wenn
Sie Ihren eigenen Weg gehen, kann Sie niemand überholen. Vermeiden sollten Sie Kleidung, Frisuren und Accessoires, die

- Sie in Ihrer Bewegungsfreiheit einschränken,
- bei Männern die Assoziation „süß", „lieb" oder „sexy" – also das Gegenteil von kompetent – auslösen,
- Sie behindern oder das Publikum ablenken: die Haare, die ständig ins
  Gesicht fallen, die Ohrringe, die sich auffällig hin und her bewegen.

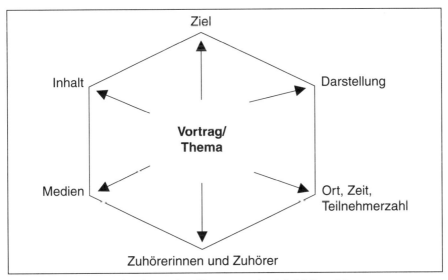

Abb. 5: Was bei der Vorbereitung eines Vortrags zu berücksichtigen ist

Checkliste: Vorbereitung eines Vortrags

❏ Was will ich erreichen?
❏ Welche Konsequenzen sind aus der Zusammensetzung des Publikums
   zu ziehen?
❏ Welchen Nutzen stelle ich heraus?
❏ Wie wecke ich Interesse für mein Thema?
❏ Wie spreche ich die Zuhörenden an?
❏ Ist der Überblick über den Aufbau meines Vortrags klar?
❏ Habe ich Wegweiser aufgestellt, die das Publikum orientieren?

❑ Welche Publikumslieblinge – Beispiele, Vergleiche usw. – kommen im Vortrag vor?

❑ Ist die Zusammenfassung „rund" und eine *Taking-home-message* formuliert?

❑ Ist das Manuskript funktional?

❑ Habe ich einen *Vortrags*text formuliert – frei von Satzmonstern und Wort-Ungetümen?

❑ Ist sichergestellt, dass ich die Zeitvorgabe einhalte und an keiner Stelle hängenbleibe?

❑ Ist das Organisatorische geklärt?

2.2 Ansprechen statt abschrecken: Einen Vortrag halten

Wie fange ich an? Wie höre ich auf? Und was mache ich zwischen Anfang und Ende – zum Beispiel mit den Armen oder wenn mir ein Satz verunglückt oder ein Wort fehlt? Das sind die Themen dieses Abschnitts.

2.2.1 Der interessante Anfang

Jede Oper hat eine Ouvertüre, die einstimmt. Sie sollten Ihre Zuhörerinnen und Zuhörer auf Ihren Vortrag einstimmen. Legen Sie sich Ihr Manuskript zurecht. Nehmen Sie Blickkontakt mit den Zuhörenden auf, und warten Sie, bis Ruhe eingetreten ist. Beginnen Sie langsam, laut und deutlich.

Im letzten Abschnitt habe ich zehn Hinweise für einen guten Einstieg gegeben (S. 30). Ich ergänze sie nun um eine Warnung vor einem Dutzend Fehleinstiegen, die ich in meinen Seminaren beobachtet habe. Einige dieser „Fehltritte" sind vorbereitet: Kopien schlechter Beispiele. Die meisten passieren aus Verlegenheit. Halten Sie sich deshalb, solange Sie noch kein Improvisationstalent sind, an folgenden Dreischritt:

1. Die ersten und die letzten Sätze intensiv vorbereiten,
2. diese Sätze Wort für Wort aufschreiben,
3. *genau* das – frei – vortragen, was notiert wurde.

Mit diesem Dreischritt stellen Sie sicher, dass Sie nicht mit einem der folgenden Handikaps an den Vortragsstart gehen:

1. Entschuldigungen
   - „Meine Vorbereitungszeit war so kurz, dass ich nur ..."
   - „Ich kann ihnen leider einige Ausführungen über ... nicht ersparen."
   - „Ich bin zwar keine gute Rednerin, ich will aber trotzdem ..."
   - „Mir war es bedauerlicherweise nicht möglich, ..."

Machen Sie sich und Ihren Vortrag nicht vorab schlecht. Das schafft kein Wohlwollen, sondern führt zu einer negativen Erwartungshaltung.

2. Schwulst
- „Ich habe die ehrenvolle Aufgabe ..."
- „Es ist mir ein besondere Ehre und Freude zugleich, gerade vor ihnen ..."

Beginnen Sie schlicht. Überlassen Sie solche Formulierungen langweiligen Kommunalpolitikerinnen oder Vereinsvorsitzenden.

3. Eigenlob
- „Aufgrund meiner langjährigen Erfahrungen als ..."
- „Lassen sie mich als Expertin auf dem Gebiet der ..."

Beginnen Sie schlicht. Sie kennen das Sprichwort über Eigenlob.

4. Drohungen
- „Mein Thema ist zwar außerordentlich kompliziert, dennoch ..."
- „Ich kann ihnen einige Details nicht ersparen, weil ..."

Vermeiden Sie Drohungen. „Denn das hat der Zuhörer gern: daß er deine Rede wie ein schweres Schulpensum aufbekommt: daß du mit dem drohst, was du sagen wirst" (Tucholsky Bd. 8: 290).

5. Negativer Einstieg
- „Leider sind nur wenige gekommen ..."
- „Ich hätte bei diesem interessanten Thema mehr Zuhörerinnen und Zuhörer erwartet."
- „Klein, aber fein, sagt der Volksmund, und er kann diesen Raum nicht gemeint haben".[13]

Verbreiten Sie keine schlechte Stimmung.

6. Vulgär-Rhetorik
- „Wir alle sind an der Frage interessiert, ob die Globalisierung der Märkte ..."
- „Wir wollen alle eine Hochschule, die den Erfordernissen der Zeit gerecht wird."

Von *Wir*-Floskeln rate ich aus zwei Gründen ab: (1.) Sie wecken Assoziationen zu geschraubten Politikerreden. (2.) Ein „Nein" aus dem Publikum kann Sie aus dem Konzept bringen (und selbst ein stilles „Nein" bedeutet: Sie haben Widerspruch geweckt).

7. Ich-möchte-heute-Selbstverständlichkeiten
- „Ich möchte heute über einige zentrale Aspekte der ... sprechen."

---

[13] Eine Empfehlung von Pabst-Weinschenk (1995: 77).

- „Ich möchte sie heute über wichtige Ergebnisse informieren, die wir an unserem Institut ..."

Tun Sie es. Die Zuhörerinnen und Zuhörer wissen, dass Sie sprechen werden; und sie erwarten, dass Sie ihnen nicht die Zeit mit Unwichtigem stehlen.

8. Mein Thema

- „Mein Thema lautet Personal- und Organisationsaspekte im Geschäftsprozessmanagement. Im Vordergrund steht dabei die Modularisierung ..."

Lesen Sie bitte einmal laut: „Guten Tag, meine Damen und Herren. Mein Thema lautet ..." – Das klingt steif und dröge. Führen Sie zu Ihrem Thema mit einigen Sätzen hin, die Interesse wecken.

9. Heute-ist-Pathos

- „Heute ist ein besonderer Tag, ein historisches Datum, der ..., an dem wir uns hier zusammenfinden, um ..."[14]

Ein solcher Anfang *hat*, um es in Anlehnung an eine Bierwerbung zu formulieren, *alles, was* eine *steife* Landrats- oder Oberkreisdirektor-*Rede braucht.*

10. Seminar-/Kongress-/Tagungs-Geschichte

- „Die Literatur der frühen Neuzeit beschäftigt uns sein Beginn dieses Semesters."
- „Wir haben uns in den letzten drei Tagen intensiv mit der Frage beschäftigt, ob ..."

Die Gefahr ist groß, dass Sie eine Tatsache bewusst machen, die als unbehaglich erlebt wird – und die eine oder der andere deshalb (hörbar) gequält seufzt.

11. Definitionismus

- „Mein Thema lautet Personal- und Organisationsaspekte im Geschäftsprozessmanagement. Im Vordergrund steht dabei die Modularisierung von Organisationsstrukturen, wobei Modularisierung mit Picot, Reichwald und Wigand verstanden wird als, ich zitiere, eine Restrukturierung der Unternehmensorganisation auf der Basis integrierter ..." (vgl. S. 2)

Warum sollte ich mich dafür interessieren, was dieser unter jenem versteht, solange ich nicht erfahren habe, warum und wofür eine Definition oder Begriffsbestimmung notwendig ist?

12. „Witzigkeit"

- „Die drei schwierigsten Dinge für einen Mann sind:

---

[14] Noch eine Empfehlung von Pabst-Weinschenk (1995: 77).

- eine Steilwand zu erklimmen, die ihm zugeneigt ist,
- ein Mädchen zu küssen, das ihm abgeneigt ist und
- eine Tischrede zu halten."[15]
- „Eine Dame kommt in Trauerkleidung in die Buchhandlung. Sie hält das Buch ‚Die Pilze unserer Heimat' in den Händen. Der Buchhändler drückt ihr ergriffen die Hand: ‚Herzliches Beileid, gnädige Frau. Der Verlag hat den Druckfehler inzwischen berichtigt.'"[16]

Haben Sie gelacht? Ich auch nicht. Ich erlebe oft, was der Satz meint, „Humor ist, wenn man trotzdem lacht": Zuhörerinnen und Zuhörer lachen (aus Höflichkeit), weil sie erkennen, das ist als humorvoller Einstieg *gedacht*. Sie müssen schon sehr sicher sein, dass

- die Pointe sitzt,
- der Witz keinen schalen Beigeschmack hat: Männer die *Mädchen* küssen, begehen eine Straftat.

Machen Sie deshalb einen Test: Fragen Sie Kolleginnen und Freunde, ob Ihre Pointe verstanden wird.

2.2.2 Zwischen Anfang und Ende

Ein guter Vortrag hat einen interessanten Anfang, einen gelungenen Schluss. Und Anfang und Schluss liegen möglichst dicht beieinander – empfiehlt Mark Twain. Vom Anfang bis zum Schluss sprechen Sie über eine Sache zu Menschen. Was ist dabei zu beachten?

Blickkontakt

Halten Sie Blickkontakt mit den Zuhörenden. Schauen Sie nicht an die Decke, in einen entlegenen Winkel im Raum oder ständig auf Ihr Manuskript. Es kann sehr hilfreich sein, am Anfang den Blickkontakt mit einer Kollegin oder einem Freund zu suchen, allgemeiner: zu freundlichen Menschen. Es gibt nie nur grimmige Zuhörerinnen und Zuhörer, sondern immer die eine oder den anderen, die oder der Sie freundlich anschaut oder zustimmend nickt.

Wichtig ist: Die Zuhörerinnen und Zuhörer einzeln anschauen – zwischen zwei und zehn Sekunden. Fixieren Sie niemanden. Sonst fühlt sich der oder die Angeschaute unwohl.

Ein Hinweis (nicht nur) für Frauen: Körper können lügen. Eine Haltung oder ein Gesichtsausdruck signalisiert nicht immer eindeutig das, was ein

---

[15] Eine Empfehlung von Lehmann, Reese (1998: 22).
[16] Noch eine Empfehlung von Lehmann, Reese (1998: 26).

Mensch denkt oder fühlt – auch wenn das in der Alltagspsychologie der Körpersprache hartnäckig behauptet wird. Wenn Sie Männer im Publikum anschauen, dann sehen Sie scheinbar skeptische, reservierte, gelangweilte oder ablehnende Minen oder Körperhaltungen. Das ist bei vielen Männern eine Geschlechtsrollen-Haltung, die sich in dem Maße verfestigt, in dem Männer Karriere machen. Lassen Sie sich davon nicht irritieren: Der skeptische Gesichtsausdruck oder die gelangweilte Haltung bedeutet bei Männern nicht notwendig, Skepsis oder Langweile, sondern ist einfach nur eine Männer-Haltung.

Manuskript

Ein Manuskript oder Stichwortkarten sind keine Schande, sondern ein legitimes Hilfsmittel, das Sie nicht zu verstecken brauchen. Legen Sie die Karten vor sich auf den Tisch. Wenn Sie im Stehen ohne Pult sprechen, nehmen Sie das Manuskript in eine Hand und winkeln den Arm so an, dass Sie Ihre Notizen lesen können. Achten Sie in diesem Falle beim Gestikulieren darauf, dass Sie nicht mit dem Manuskript „wedeln". Legen Sie die Karteikarten bzw. Blätter, die abgehandelt sind, zur Seite oder schieben Sie sie hinter die anderen.

Wenn Sie es nicht vermeiden können, bestimmte Passagen abzulesen, achten Sie darauf, Pausen nicht nur nach Satzzeichen zu machen. Lesen Sie den letzten Satz bitte einmal laut, und machen Sie nach jedem Komma eine kleine Pause. Sie merken: Das klingt abgelesen. Gesprochene Sprache klingt etwa so: Wenn Sie es nicht vermeiden können bestimmte Passagen abzulesen/achten Sie darauf/Pausen/nicht nur/nach Satzzeichen zu machen. Sprechpausen stimmen nicht mit der Zeichensetzung überein. Über manche Kommata sprechen wir hinweg und machen dafür an Stellen eine kleine Pause, an denen kein Satzzeichen steht.

Folgendes Verfahren hilft, beim Zitieren den Blickkontakt mit dem Publikum beizubehalten:

1. Zitat mit Blickkontakt ankündigen,
2. Zitat langsam vortragen,
3. mit Blickkontakt auf das Ende des Zitat hinweisen.

Körperhaltung

Wenn Sie *sitzen:* Rutschen Sie mit dem Hintern bis an die Rückenlehne und lehnen Sie sich an. Stellen Sie beide Füße auf den Boden. (Hinweis für kleine Menschen: Rutschen Sie so weit vor, dass Sie Ihre Füße fest auf den Boden stellen können.) Rücken Sie den Stuhl so nahe an den Tisch ran, dass Sie die Unterarme auf den Tisch legen können. So können Sie problemlos

Ihre Ausführungen mit Gesten unterstreichen. Bleiben die Hände unter dem Tisch,

- sinken Ihre Schultern nach vorne,
- machen Sie sich kleiner,
- sitzen Sie nicht mehr gerade.

Wenn Sie *stehen*: Machen Sie nicht Schillers *Glocke* („Festgemauert in der Erde") und nicht den Tiger, der ständig am Gitter hin und her streift. Das schafft Unruhe – und die Zuhörerinnen und Zuhörer bekommen wie beim Tennis einen steifen Nacken. Stehen Sie mit beiden Beinen fest auf dem Boden, das Körpergewicht gleichmäßig verteilt. Nehmen Sie die Schultern nach hinten, ziehen Sie die Schultern nicht hoch, halten Sie den Rücken gerade und den Kopf erhoben.

Halten Sie sich nicht am Redepult fest, und beugen Sie sich nicht über das Pult. Schlagen Sie nicht auf das Pult. Solche Schläge sind keine angemessene Form, um eine These zu unterstreichen.

Sie sind nur wenig größer als die Redepulte, die gewöhnlich aufgestellt werden? Dann sollten Sie sich darauf einstellen, auch ohne dieses Schutzschild auszukommen, denn nur auf professionell vorbereiteten Kongressen, Tagungen und Parteitagen steht für Sie ein Schemel bereit: Treten Sie neben das Pult oder schieben Sie das Pult mit einer Bemerkung weg (zum Beispiel: „Ich nehme an, sie wollen sehen, wer zu ihnen spricht").

Gestik

Unterstreichen Sie – sparsam – das, was Sie sagen, mit den Händen. Das wird erschwert, wenn Sie

- die Arme hinter dem Rücken oder in Brusthöhe verschränken,
- die Hände falten,
- die Hände in die Taille stützen,
- einen Stift oder Ähnliches hin und her drehen,
- sich am Manuskript festhalten,
- sich am Pult festklammern,
- sich mit den Händen auf das Pult stützen.

Wohin mit Armen und Händen? Auf den Tisch, wenn Sie sitzen. Wenn Sie stehen: Winkeln Sie einen Arm an, und lassen Sie den anderen locker herunterhängen. Sie werden die Erfahrung machen: Nach einiger Zeit beginnen Sie ganz automatisch, Ihre Rede mit Gesten zu unterstreichen. Wenn Sie in der Hand des angewinkelten Arms eine Redevorlage halten, wird der andere Arm diese Funktion übernehmen.

Stehen Sie hinter einem Pult, kann es schwieriger werden. Oft sind Redepulte so hoch, dass gerade noch der Oberkörper zu sehen ist. Verzichten Sie auf Gestik, wenn Sie dafür die Arme sehr weit nach oben nehmen müssten. Ist das Pult nicht zu hoch, empfehle ich die gleiche Armhaltung wie beim freien Stehen. In jedem Falle sollten Sie nicht zu nahe am Pult stehen.

Studieren Sie keine Gesten ein. Gestik stellt sich dann ein, wenn

- *Sie* für wichtig halten, was Sie vortragen,
- *Sie* überzeugt sind von dem, was Sie sagen.

Nach meinen Erfahrungen geht es meist nicht darum, Gestik zu lernen, sondern darum, sich überhaupt Gestik zu gestatten, Gesten zuzulassen, eine raumgreifende Körperhaltung einzunehmen. Beanspruchen Sie Raum. Dann müssen Sie nicht mehr viel über Gestik und Körperhaltung lernen.

Sie schmälern die Bedeutung Ihres Vortrags, wenn Sie mit den Schultern zucken oder den Kopf schräg halten. Das signalisiert: Ich habe es nicht wirklich ernst gemeint; ich weiß es selbst nicht genau; ich bin auf Zustimmung angewiesen; ich bin unsicher. Schließlich sollten Sie vermeiden, Haarsträhnen zu drehen, sich durch die Haare oder über das Gesicht zu fahren, den Kopf in die Hand zu stützen.

Mimik

Wenn Sie während einer Rede mit sich und der Situation zufrieden sind, lächeln Sie. Wenn Sie einen Witz erzählen, lachen Sie (aber nicht schon vor dem Witz). Wenn Sie über ein lustiges Thema berichten, bringen Sie Heiterkeit zum Ausdruck. Aber nur dann! Lächeln Sie nicht, wenn Ihnen nicht danach zumute ist. Es kommt nur ein Verlegenheitslächeln dabei heraus. Sie schmälern damit die Wirkung Ihrer Aussage (ist wohl nicht so ernst gemeint).

Lautstärke

In der Wissenschaft gibt es keine „billigen Plätze". Auch die Zuhörerinnen und Zuhörer in der letzten Reihe haben einen Anspruch, Ihren Vortrag gut hören zu können. Deshalb muss die Lautstärke der Raumgröße angemessen sein. Zu leises Sprechen ist ebenso unangemessen wie zu lautes. „Mit einer sehr lauten Stimme im Hals" ist man nicht nur „fast außerstande, feine Sachen zu denken" (Nietzsche), man verbaut sich auch die Möglichkeit einer Steigerung zur Betonung wichtiger Passagen. Der Wechsel von einer angemessenen Lautstärke zum leiseren Sprechen kann eindringlich wirken und die Aufmerksamkeit des Publikums erhöhen. Lauter werden ist kein Mittel gegen Unruhe im Raum; eine kurze Pause ist meist wirksamer.

Pausen

Selten erlebe ich, dass bei Vorträgen zu langsam gesprochen wird. Häufig ist das Sprechtempo zu hoch. Etwa 100 Wörter in der Minute sind angemessen. Wenn Sie in Eifer geraten, können es auch 120 sein. Mehr sind zu viel

- für die Zuhörerinnen und Zuhörer: Sie können nicht mehr folgen;
- für die Sprecherin oder den Sprecher: Nach einiger Zeit stellt sich Atemnot ein.

Reden Sie nicht „ohne Punkt und Komma". Machen Sie Pausen. Pausen sind

- ein rhetorisches Mittel: Lassen Sie eine wichtige Aussage oder Frage wirken, indem Sie eine kurze Pause anschließen;
- ein Gliederungsmittel: Signalisieren Sie nach jedem Hauptgedanken durch eine Pause, dass eine neue Überlegung folgt;
- eine Wohltat für Sie und die Zuhörerinnen und Zuhörer: Sie geben Gelegenheit, Luft zu holen und nachzudenken;
- wichtig, um sich zu sammeln und bei Aufregung ruhiger zu werden.

Wichtig ist auch ein Wechsel im Sprechtempo. Ein gleichmäßig schnelles Tempo nervt die Hörerinnen und Hörer, ein kontinuierlich ruhiges Tempo ermüdet sie. Tragen Sie die entscheidenden Passagen mit Nachdruck vor: mit Betonung und Pausen. Legen Sie bei Beispielen und leicht verständlichen Sachverhalten im Tempo etwas zu.

Wegweiser

Ihre Zuhörerinnen und Zuhörer sind Ihnen dankbar, wenn Sie ihnen durch gliedernde Zwischenbemerkungen erleichtern, Ihrem Vortrag zu folgen. Machen Sie deshalb den Aufbau Ihrer Rede transparent, sagen Sie, wo Sie gerade sind und wie es weitergeht (vgl. S. 36).

2.2.3 Der wirksame Schluss

Machen Sie in der Zielgeraden nicht schlapp. Der Schluss ist wichtig. Was Sie zuletzt sagen, wirkt am längsten. Zunächst: Der Schluss muss wirklich der Schluss sein. Alles hat ein Ende. So mancher Vortrag hat zwei: Die Rednerin oder der Redner kündigt an, „ich komme zum Schluss" – und redet munter eine Viertelstunde weiter.

„Kündige den Schluß deiner Rede lange vorher an, damit die Hörer vor Freude nicht einen Schlaganfall bekommen … Kündige den Schluß an, und dann beginne deine Rede von vorn und rede noch eine halbe Stunde. Das kann man mehrere Male wiederholen." (Tucholsky Bd. 8: 292)

Lassen Sie Ihr Vortragsende in doppelter Hinsicht wirken: inhaltlich und atmosphärisch.

1. Inhaltlich

Ich habe im letzten Abschnitt empfohlen, die Schlussformulierungen schriftlich festzuhalten und sich nicht darauf zu verlassen, dass Ihnen spontan ein guter Schluss einfallen wird (vgl. S. 43). Ich erlebe oft, dass dann nicht mehr herauskommt als Entschuldigungen oder Hoffnungsfloskeln:

- „Ich danke ihnen für ihre Aufmerksamkeit."
- „Ja, das war eigentlich schon das Wichtigste. Vielen Dank für ihre Aufmerksamkeit."
- „Nun habe ich ihre Geduld schon genug strapaziert."
- „Ich habe leider vieles nur anreißen können."
- „Bleibt zu hoffen, dass ...,"
- „Ich hoffe, ich konnte dazu beitragen, ..."

Nehmen wir an, Sie schließen mit einem Zitat von Georg Christoph Lichtenberg: „Ich kann freilich nicht sagen, ob es besser wird, wenn es anders wird; aber so viel kann ich sagen, es muss anders werden, wenn es gut werden soll." Wenn Sie an diesen Satz eine Nebensächlichkeit, eine Entschuldigung oder eine Floskel anhängen, verpufft seine Wirkung – und damit die Wirkung *Ihres* Schlusses. Schieben Sie deshalb nichts nach. Lassen Sie diesen Schlusssatz wirken.

2. Atmosphärisch

Wenn Sie erleichtert sind, dass Sie den Vortrag „über die Bühne gebracht" haben, ist das kein Grund, hörbar zu seufzen, laut durchzuatmen oder fluchtartig das Redepult zu verlassen. Vermitteln Sie Ihren Zuhörerinnen und Zuhörern nicht den Eindruck, Sie hätten etwas *überstanden*, von Ihnen sei eine *Last* gefallen. Signalisieren Sie, dass es gelohnt hat, Ihnen zuzuhören: Legen Sie nach dem letzten Satz eine Wirkungspause ein. Schauen Sie die Zuhörerinnen und Zuhörer freundlich an. Lassen Sie

- Ihrem Publikum Zeit für eine zustimmendes Klopfen bzw. Applaus,
- dem Tagungsleiter oder der Vorsitzenden der Auswahlkommission Zeit für einen Dank oder zur Aufforderung, Ihnen Fragen zu stellen.

Wenn Sie an einem Redepult oder einer anderen exponierten Stelle gesprochen haben und diesen Platz verlassen können oder sollen, ordnen Sie zunächst in aller Ruhe das Manuskript, die Folien oder andere Unterlagen. Gehen Sie dann langsam zu Ihrem Platz.

2.2.4 Kleine Unglücke meistern

Von Willy Brandt stammt der Hinweis, dass Perfektionismus ein „schreckliches Laster" ist. Im ersten Kapitel habe ich Hinweise gegeben, wie man sich von diesem Laster befreit. Diesen Abschnitt schließe ich mit einigen Hinweisen, was Sie gegen kleine Vortragspannen tun können. Die Frage lautet: Und wenn ...

... Sie mit einem Satz nicht zurechtkommen?
Niemand spricht fehlerfrei. Es ist kein Drama, einen Satz mit kleinen Verstößen gegen die Grammatik zu beenden. Sprechen Sie einfach weiter, sofern problemlos zu verstehen ist, was Sie gemeint haben. Sie können auch (ohne Entschuldigung) das entsprechende Wort verbessern. Kommen Sie mit Ihrem Satz nicht mehr klar, brechen Sie ihn ab und fangen neu an. Sie können schlicht sagen: „Ich beginne den Satz noch 'mal neu." Oder Sie bluffen ein bisschen:

* „Ich möchte es besser formulieren."
* „Präziser ausgedrückt ..."
* „Genauer gesagt ..."

Der Bluff wird allerdings durchschaut, wenn Sie solche Formulierungen häufiger verwenden. Beugen Sie vor: Formulieren Sie kurze Sätze.

... Sie rot werden?
Akzeptieren Sie es! Wenn es Ihnen gelingt, das Rotwerden nicht so wichtig zu nehmen, verringert sich das Problem mit der Zeit deutlich. Haben Sie während eines Vortrags den Eindruck, Sie würden einen knallroten Kopf bekommen, fragen Sie im Anschluss einen Kollegen oder eine Freundin, ob er oder sie das bemerkt hat. Häufig täuscht der eigene Eindruck. Sie meinen, Ihr Kopf glüht, doch die anderen nehmen allenfalls ein leichtes Erröten wahr.

... Sie eine Folie falsch herum auflegen?
Kleine Fehler mag das Publikum. Ziehen Sie eine „Lehre" aus dem kleinen Schnitzer: „Sie sehen, meine Damen und Herren, alles hat wirklich zwei Seiten. Nur ist die eine Seite manchmal schwer zu entziffern."

... Sie zu leise reden?
Dagegen gibt es ein Mittel: üben, lauter zu reden. Achten Sie nicht nur auf eine angemessene Lautstärke, sondern auch darauf, dass Ihre Stimme am Ende eines Satzes weder fragend höher wird noch abfällt, leiser wird. Sie nehmen sonst Ihrer Aussage die Kraft und Wirkung.

... Sie sich versprechen?
Gehen Sie über kleine Versprecher hinweg, die den Sinn Ihrer Aussage nicht entstellen. Nobody is perfect. Wird der Sinn entstellt, korrigieren Sie

sich ohne Entschuldigung: „Ich meine natürlich nicht Finanzwirtschaft, sondern Finanz*wissenschaft*." Mit der Größe Ihres Wortschatzes nimmt die Wahrscheinlich zu, dass Sie sich versprechen. Nehmen Sie deshalb auch einen klassischen Versprecher – *hormonisch* leben oder „Da stand ihnen der Hals bis zum Wasser" (O-Ton Ulrich Wickert) – als Kompliment. Wenn Ihnen der *herrenlose Ärmelpullover* passiert, merkt es niemand, oder Sie haben für einen Moment der Heiterkeit gesorgt. Korrigieren Sie die *h-Meß-Molle* nicht hektisch, sonst wird vielleicht die *h-Moß-Melle* von Johann *Sebaldrian* Bach daraus. Lächeln Sie über Ihren Versprecher, und versprechen Sie dem Publikum, dass Sie ihn nach Frankfurt an die Sprachwissenschaftlerin Helen Leuninger schicken werden, die bereits über 4000 solcher Versprecher gesammelt hat.

… Sie Dialekt sprechen?
Freuen Sie sich! Meist wirkt eine Dialektfärbung sympathisch. Nur wenn die Verständlichkeit beeinträchtigt wird, stört ein Dialekt.

… Ihnen das treffende Wort fehlt?
Das kommt vor. Setzen Sie mit einer Umschreibung oder einem anderen treffenden Wort Ihre Rede fort. Gelingt Ihnen das nicht, sagen Sie: „Mir fehlt der treffende Begriff." Sie werden sehen, Sie bekommen Hilfe von den Zuhörenden – und haben aus der „Not" eine Dialogsituation gemacht, Ihr Publikum aktiviert. Sie können es auch „eleganter" sagen: „Wie kann es ich treffend formulieren?" – und sich so eine Denkpause verschaffen.

… Sie den roten Faden verlieren?
Das ist keine Katastrophe. Ihre Zuhörerinnen und Zuhörer wissen nicht, was Sie als nächstes sagen wollen. Und sie registrieren auch nicht jeden kleinen Fehler im Ablauf. Wenn Ihnen der Faden gerissen ist, entsteht eine kleine Pause. Nur Sie wissen: Diese Pause tritt deshalb ein, weil Sie steckengeblieben sind. Schauen Sie auf Ihr Manuskript, wie es weitergeht. Suchen Sie in aller Ruhe die Anschluss-Stelle. Es ist üblich, und so wird es auch von den Zuhörenden registriert, nach einer gewissen Zeit der freien Rede einen Blick auf die Vorlage zu werfen, um sich zu vergewissern, was als nächstes angesprochen werden soll.[17]

Ein anderes Mittel, den Anschluss wieder zu finden, sind (Zwischen-) Zusammenfassungen oder Wiederholungen dessen, was Sie zuletzt gesagt haben:

- „Ich fasse diesen Punkt kurz zusammen."
- „Ich wiederhole kurz …"
- „Ich möchte noch einmal betonen …"

---

[17] In meinen Seminaren haben Teilnehmerinnen und Teilnehmer nach einem *Blackout* meist den Eindruck, dieser hätte „ewig" gedauert. Die Videoaufnahmen zeigen: „Ewig" war zwei oder drei Sekunden.

Gudrun Fey hat dafür das Motto „Zurück in die Küche" geprägt:

„Stellen Sie sich vor, Sie sitzen in der Küche und wollen Zeitung lesen, doch leider ist Ihre Brille im Wohnzimmer. Also stehen Sie auf und machen sich auf den Weg ins Wohnzimmer. Unterweges erinnern Sie sich, daß Sie ja noch unbedingt Mayer und Co. anrufen sollten, um einen Termin zu vereinbaren. Ja, und dann stehen Sie in der Tür vom Wohnzimmer und fragen sich: ‚Was wollte ich bloß im Wohnzimmer?' Es fällt Ihnen nicht ein. (…) Sie marschieren zurück in die Küche. Dort wissen Sie wieder, daß Sie die Brille aus dem Wohnzimmer holen wollten. Also, nichts wie hin und die Brille geholt." (1994: 49)

… Sie etwas vergessen haben?
Die Zuhörerinnen und Zuhörer wissen nicht, was Sie alles sagen wollten. Ihnen fällt also auch nicht auf, dass Sie etwas weggelassen haben. Wenn Sie ein zentrales Argument, eine wichtige Passage übersprungen haben, tragen Sie diesen Punkt bei passender Gelegenheit – aber nicht in der Zusammenfassung – nach:

* „Ein wichtiger Gesichtspunkt fehlt noch …"
* „In diesem Zusammenhang ist zu ergänzen …"
* „Dabei ist allerdings zu berücksichtigen, und das habe ich bisher noch nicht getan, dass …"

2.3 Du sollst Dir Bilder machen: Medien einsetzen

Meyer zu Bexten u.a. schreiben in ihrem *Leitfaden für Naturwissenschaftler und Ingenieure*:

„Die visuelle Unterstützung der mündlichen Präsentation erfolgt im allgemeinen durch Folien für Tageslichtprojektoren oder durch Dias. Die visuellen Hilfsmittel beinhalten Stichworte zu den mündlich genannten Sachverhalten und graphisch aufbereitete Darstellungen von Ergebnissen. Sie dienen dem Zuhörer dazu, komplexe Sachverhalte durch bildhafte Darstellungen leichter zu erfassen und den roten Faden des Vortrags mitverfolgen zu können" (1996: 10).

Diese Feststellung ist unbeholfen formuliert, beschreibt nicht einmal die halbe Wahrheit und doch die Wirklichkeit. Bei vielen Vorträgen „beinhalten" die „visuellen Hilfsmittel" ausschließlich „Stichworte zu den mündlich genannten Sachverhalten und graphisch aufbereitete Darstellungen". Was wirklich ist, ist wahr. Aber wahrhaftig nicht gut.

Ich gebe einige Hinweise für Abweichungen von der Wirklichkeit, die Meyer zu Bexten u.a. beschreiben. *Einige* ist wörtlich zu nehmen: Ich konzentriere mich auf Medien, die unkompliziert einzusetzen und in den meisten Räumen einer Hochschule vorhanden sind. Deshalb ist auf den nächsten Seiten von Filmen, Videos, Multimedia-Projektoren und vom *Visualizer*, dem Nachfolger des Episkops, nicht die Rede. Filme und Videos herzustellen, ist sehr aufwendig. Ob und wie man sie einsetzt, ist vor allem eine *didaktische* Frage, die nicht sinnvoll behandelt werden kann ohne Bezug auf das Thema und die Lernziele. Computergestützte Präsentationen machen etwas her. Das ist kein unwichtiger Gesichtspunkt für die Planung eines Vortrags. Ich gehe aus drei Gründen nicht auf das Präsentationsmedium PC ein:

1. Das notwendige Equipment ist längst noch nicht in allen Hochschulen allgemein zugänglich (auch Visualizer, mit denen nicht-transparente Vorlagen projiziert werden können, habe ich nur selten in Hochschulen gesehen).
2. Dieses Buch kann eine Einführung in Präsentationsprogramme nicht ersetzen.
3. Einer Entscheidung über das Medium der Präsentation muss die Frage vorausgehen: Was soll ausgesagt werden? Ich beobachte die Tendenz zur umgekehrten Reihenfolge: Das Medium wird zur Message. Immer mehr Vortragende projizieren jede noch so belanglose Informationen von ihrer Festplatte auf eine (Lein-)Wand – statt den Vortrag mit einem Medium zu unterstützen, wird der Medieneinsatz zum Selbstzweck.

Wenn Sie mehr über Mittel und Wege der Visualisierung wissen möchten, ist die Anleitung von Stary (1997) eine gute Wahl. Dort finden Sie auch viele Hinweise auf weitere Literatur und nützliche (Internet-)Adressen zum Thema.

2.3.1 Visualisieren: Warum, was, womit, wie?

Visualisieren soll helfen, komplexe Sachverhalte besser zu verstehen. Das ist eine Funktion. Es gibt allerdings noch mehr Gründe, die Bildsprache zu verwenden. Die eingeschränkte Funktionsbestimmung von Meyer zu Bexten u.a. beruht auf einem verkürzten Verständnis der Anforderungen an einen Vortrag. Bei einem Vortrag geht es nicht ausschließlich um „Sachverhalte", die „mündlich genannt" werden. Bei einem Vortrag kommt es zum Beispiel auch darauf an, das Interesse und die Aufmerksamkeit der Zuhörerinnen und Zuhörer zu wecken. Grafiken, Fotos, Karikaturen, Zeichnungen, Farben und Symbole können dafür nützlich sein.

Warum visualisieren?

Ein Bild sagt nicht *immer* mehr als tausend Worte; aber es kann manchmal bessere Dienste leisten als viele Worte. Wann?

1. Zeigen, wie man es macht: Stellen Sie vor, Sie müssten *Billy* oder ein anderes *Ikea*-Regal nach einer Bedienungsanleitung ohne Zeichnungen aufbauen oder sollten nur mit Worten erklären, wie eine Krawatte gebunden wird: Visualisierungen sind für *Handlungsanleitungen* nützlich. Sollte ich erläutern, wie man einen Seemannsknoten macht, würde ich es zeigen: die Bildsprache zu Hilfe nehmen.

2. Motivieren: Stellen Sie sich noch einmal etwas vor: Sie schlagen ein Buch oder eine Zeitschrift auf. Auf der linken Seite ist ein Bild, auf der rechten ein Text. Wohin blicken Sie zuerst? – Bilder machen neugierig, lenken die Aufmerksamkeit und können emotionale Reaktionen auslösen. Deshalb eignen sie sich als Aufmerksamkeitswecker; die Karikatur von Marie Marcks zum Beispiel als Einstieg in einen Vortrag über Lernen und Leistungsdruck oder über Erziehungsverhalten, das Glas Wasser (Abb. 7) als Frageeinstieg zum Thema Wahrnehmungsmuster.

Abb. 6: Karikatur von Marie Marcks

Abb. 7: Bild für einen Vortragseinstieg

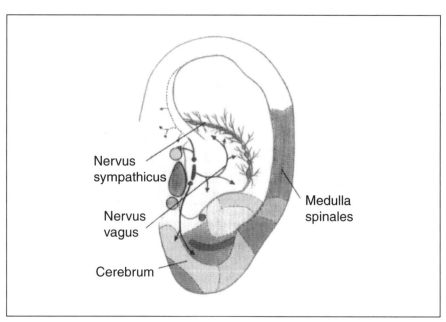

Abb. 8: Das Ohr

3. Die Orientierung erleichtern: Werfen Sie noch einmal einen Blick auf die Abbildungen 3 und 5 (S. 34 u. 57). Sie bekommen auf *einen Blick* eine Vorstellung vom Ganzen. Das erleichtert vor allem das Verständnis von Zusammenhängen, die in einem Vortrag (oder Text) nur nach und nach entwickelt werden können.

4. Den Durchblick erleichtern: Ich vertraue auf die Bildsprache als Erläuterung: Abbildung 8.

5. Das Behalten erleichtern: Wenn Sie nicht nur den „Lernkanal" Ohr, sondern auch das Auge ansprechen, erleichtern Sie das Behalten dessen, was Sie vortragen. Eine Teilnehmerin meiner Seminare hat als Behaltenshilfe die (farbige) Folie erstellt, die auf der nächsten Seite steht.

Was visualisieren?

Abbildung 10 zeigt eine OH-Folie, die Helmut Rüßmann in einer Jura-Vorlesung eingesetzt hat. Es ist, ich greife vor, unter unterem deshalb eine gute Folie, weil die Textmenge und Schriftgröße stimmen. Mit diesem Beispiel will ich einem Missverständnis verbeugen: Alles kann und muss nicht in Bilder übersetzt werden. Was lässt sich visualisieren?

1. Zahlen
Tabellen sind nur dritte Wahl. Zweite Wahl sind Diagramme. Bilder sind für mich die erste Wahl. Die erste Wahl ist nicht immer möglich und sinnvoll. Betrachten Sie diese Rangfolge deshalb nicht als Abwertung von Tabellen und Diagrammen, sondern als Anregung zu prüfen, ob ein Bild eingesetzt werden kann. Sie können zum Beispiel den Rückgang der Zahl der Elefanten in Kenia auf drei Wegen darstellen.

Tabelle: Tabellen sind – anders als in Abbildung 11 – in der Regel nicht selbstredend; sie müssen erläutert, wichtige Daten hervorgehoben werden. Zahlenkolonnen tragen häufig mehr zur Verwirrung als zur Klärung eines Sachverhalts bei. Weniger ist deshalb mehr – weniger Zahlen in einer Tabelle und weniger Tabellen während eines Vortrags. Tabellen können ein zweckdienliches Mittel zur kompakten Präsentation von Ergebnissen sein. Doch häufig sagt ein Bild (eine Grafik) mehr als tausend Zahlen.

Diagramm: Wenn Sie Zahlen und Daten in Diagramme übersetzen, ist auf dreierlei zu achten:

- Zahlenbilder sollten so beschaffen sein, dass Ihr Publikum über die *Informationen* nachdenkt und nicht über die Gestaltung Ihres Diagramms;
- zeigen Sie nur das, was die Daten aussagen;
- zeigen Sie Zusammenhänge statt Einzelheiten.

Ob ein Stab-, Säulen- oder Balkendiagramm die richtige Wahl ist oder ein Kreis-, Linien- bzw. Flächendiagramm, hängt davon ab, was Sie zeigen wollen.

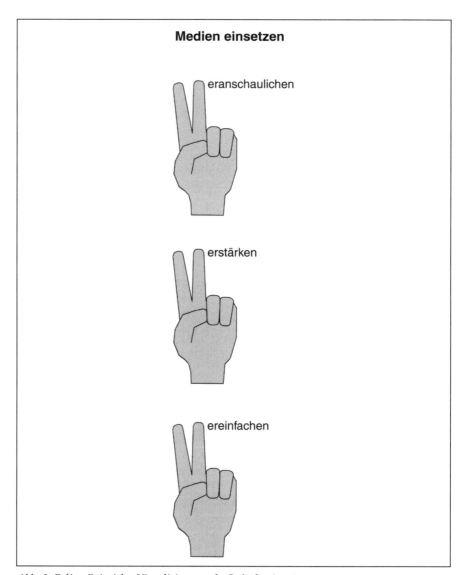

Abb. 9: Folien-Beispiel – Visualisierung als Gedächtnisstütze

- Abbildung 12 zeigt eine *Veränderung im Laufe der Zeit*. Dafür ist das *Säulendiagramm* das passende Mittel.
- Aus der Wahlberichterstattung im Fernsehen wissen Sie: Für die Darstellung der Sitz*verteilung* im Parlament ist die „Torte", das *Kreisdiagramm*, geeignet.
- Das *Auf und Ab* der Aktienkurse wird mit dem *Kurvendiagramm* illustriert, dem Diagramm für Schwankungen, Ab- und Zunahmen, Steigerungen und Rückgänge in einem bestimmten Zeitraum.

Was ist ein Lippenstift?

- Ein Mittel zum Schutz eines empfindlichen Hautbereichs vor Witterungs- und anderen Einflüssen

- Ein Mittel zur Verbergung von „Unvollkommenheit" und/ oder Hervorhebung von „Vollkommenheit"

- Ein Instrument zur Sicherung der Renten

- **Bundesgerichtshof:**
  Kein taugliches Tatmittel zum schweren Raub
  BGH NHW 1966, 2663

Abb. 10: Folien-Beispiel – Textfolie

Elefanten in Kenia

Jahr	Zahl
1950	150.000
1970	10.000
1975	8.000

Abb. 11: Folien-Beispiel – Tabelle

- *Korrelationen und Rangfolgen*, auch das kennen Sie aus der Wahlbericht-erstattung, lassen sich als *Balken-* oder *Säulendiagramm* darstellen.

Diagramme sollten immer einen Titel haben, der knapp und treffend infor-miert, worum es geht. Zu prüfen ist stets, ob eine Legende und Quellenan-gaben notwendig und die Farben bzw. Schraffuren deutlich erkennbar und voneinander zu unterscheiden sind.[18]

„Vollbild": Mein Favorit ist das etwas andere Balken- oder Säulendia-gramm; deshalb stelle ich Ihnen zwei Beispiele vor (Abb. 13 und 14). Ich fa-vorisiere den Einsatz von Bildern und Piktogrammen, weil sie einen Sach-verhalt eindringlicher machen als „nackte" Zahlen bzw. Balken oder Säu-

---

[18] Ausführlichere Informationen finden Sie bei Stary (1997) und Gene Zelazny: Wie aus Zahlen Bilder werden. Wiesbaden 1999.

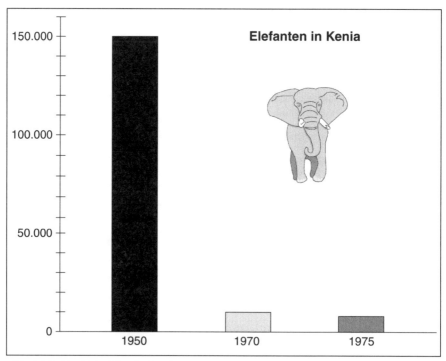

Abb. 12: Folien-Beispiel – Säulendiagramm

len. Deshalb nehme ich in Kauf, dass die Größenrelation der Elefantenbilder nicht exakt ist. Zu beachten ist beim „Vollbild" nur dies:

• Auch hier gilt: Klasse vor Masse;
• Piktogramme müssen eindeutig sein.

2. Strukturen und Zusammenhänge
Die Abbildungen 4 und 5 (S. 46 u. 57) sind Beispiele für das Visualisieren von Strukturen und Zusammenhängen. Eine weiteres Beispiel finden Sie auf der Seite 87.

3. Abläufe
Handlungs- und Entscheidungsabläufe, (Versuchs-)Anleitungen, Regeln, Vorschriften, Fehlersuchprogramme usw. können mit einem Flussdiagramm (Abb. 16, S. 79) visualisiert werden. Fünf Formen werden gewöhnlich für ein Flow-Chart verwandt:

1. Anfang und Ende eines Flussdiagramms.
2. Mit Rechtecken werden Tätigkeiten gekennzeichnet.
3. Eine Raute steht für Entscheidungen.
4. Pfeile zeigen die Richtung des Handlungsablaufs.
5. Mit einem Kreis wird ein Anschlusspunkt markiert. Er wird benötigt, wenn ein Handlungsverlauf aus Platzgründen nicht mehr oder nicht

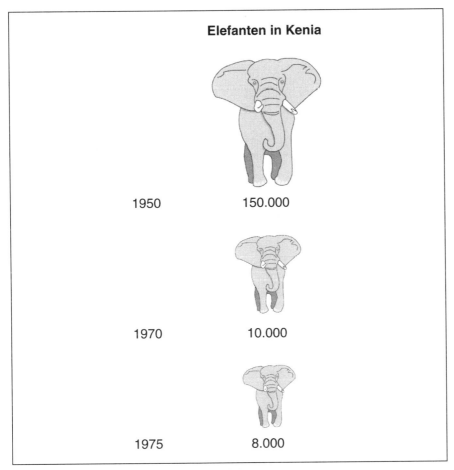

Abb. 13: Folien-Beispiel – Zahlen als „Vollbild"

mehr übersichtlich dargestellt werden kann. In den Kreis wird ein Buchstabe oder eine Ziffer gesetzt, der/die bei der Fortsetzung an anderer Stelle wieder aufgenommen wird.

Womit visualisieren?

Auf den nächsten Seiten mache ich einige Anmerkungen über die Kreide- und die Papier-Tafel – Medien, die Sie einsetzen können, wenn die Zahl Ihrer Zuhörerinnen und Zuhörer überschaubar ist – sowie über Dias. Auf den Einsatz des Overhead-Projektors gehe ich im nächsten Abschnitt ein.

1. Tafel
Ein gutes Tafelbild ist eine Kunst, die nur wenige beherrschen. Das erleben Studierende täglich in (fast) jedem Hörsaal oder Seminarraum. Wenn Sie

Abgehängt

Anzahl der Telefone pro 100 Einwohner

Deutschland	€€€	
	€€€€€€	45,7
Brasilien	€€€€€€€€	7,5
Algerien	€€€€	4
Indien	€	1
Angola	€	0,5
Sri Lanka	-	0

(The World Guide 1997/98. A view from the South. Oxford 1997, S. 44)

Abb. 14: Folien-Beispiel – Zahlen als „Vollbild"

sich der Herausforderung stellen wollen, Ihren Vortrag schrittweise an der Tafel „ins Bild zu setzen", sollten Sie bereits zu Hause dieses Bild planen, damit es gelingt. Vermeiden Sie auf jeden Fall, dass Sie längere Zeit damit beschäftigt sind, etwas zu zeichnen oder zu notieren – denn dann haben Sie nur die Wahl zwischen zwei Übeln: Entweder Sie sprechen zur Tafel oder Sie müssen eine längere Schweigephase hinnehmen.

Zehn Tafel-„Regeln" sollten Sie beachten:

- Entweder sprechen oder schreiben bzw. zeichnen;
- groß und deutlich schreiben;
- neben die Tafel treten, wenn etwas erläutern werden soll;
- der Zeigestab sollte einige Sekunden auf dem Gezeigten ruhen;
- den Zeigestock nicht in der Hand hin und her drehen;
- genügend Zeit zum Abschreiben lassen;
- die Tafel von oben nach unten putzen;
- nicht auf eine nasse Tafel schreiben;
- ein neues Kreidestück in der Mitte durchbrechen, damit die Kreide nicht beim Schreiben abbricht;
- fahren Sie sich weder durch den Bart noch über die Kleidung: Kreide macht die Hände schmutzig.

2. Flipchart

„Papiertafeln" haben gegenüber der Tafel einige Vorzüge: Die DIN-A-0-Blätter können zu Hause vorbereitet werden. Sie können sich auf jedem

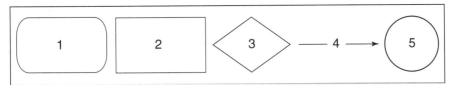

Abb. 15: Elemente eines Flussdiagramms

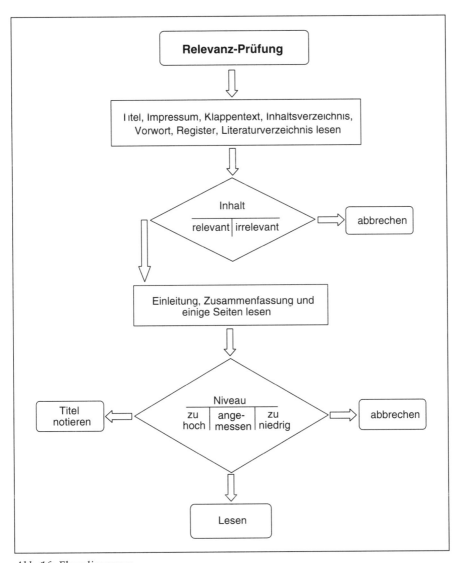

Abb. 16: Flussdiagramm

Flipchart-Blatt mit dem Bleistift – nur für Sie sichtbare – Notizen machen. Liniertes Flipchart-Papier erleichtert die Seiten-Gestaltung. Einzelne Blätter können an die Wand geheftet werden, so dass bestimmte Informationen ständig präsent sind.

Bei der Arbeit mit einem Flipchart gilt wie bei der Tafel:

- immer zu den Zuhörerinnen und Zuhörern sprechen,
- aufhören zu sprechen, wenn etwas aufgeschrieben wird,
- neben und nicht vor dem Flipchart stehen.

Blätter, deren Inhalt behandelt ist, werden umschlagen, nicht abgerissen.

3. Dias

Dias sind vor allem geeignet, um realistische Abbildungen statischer Objekte oder deutlich sichtbare Abläufe bzw. Veränderungen zu zeigen. Dia-Projektoren sind kein Medium, um Texte zu zeigen. Dia-Projektionen sind ungeeignet, wenn

- Ihnen der Blickkontakt zum Publikum wichtig ist,
- Sie flexibel bleiben und sich nicht durch eine vorbereitete Bildabfolge festlegen wollen.

Wenn Sie Dias *machen*: Mit dem Querformat sind Sie auf der sicheren Seite, denn auf eine Projektionsfläche im Hochformat treffen Sie nur beim privaten Dia-Abend. Wenn Sie Dias *zeigen*, ist zweierlei zu beachten:

- Was du nicht willst, das man dir tu, das füg auch keinen anderen zu: Der beste Wein tröstet nicht darüber hinweg, wenn der Herr oder die Dame des Hauses zu einem Urlaubsdia ellenlange Geschichten erzählt. Sprechen Sie nicht zu lange über ein Dia. Machen Sie aber auch nicht den *Zapper*: Das Publikum muss genügend Zeit haben, ein Bild betrachten und eventuell Fragen stellen zu können.
- Bild und Erläuterung müssen harmonieren: Der Kommentar darf nicht so kompliziert sein, dass er die ganze Aufmerksamkeit des Publikums erfordert und ein bewusstes Wahrnehmen des Bildes erschwert; das Bild darf nicht so rätselhaft sein, dass sich die Zuhörerinnen und Zuhörer nicht mehr auf das gesprochene Wort konzentrieren können.

Wie visualisieren?

In der Abbildung 17, ein Beispiel für die Gestaltung einer Text-Folie, habe ich sieben Tipps fürs Visualisieren zusammengestellt. Ich konkretisiere diese Hinweise im nächsten Abschnitt für die Gestaltung von Folien. Diesen Abschnitt schließe ich mit fünf „Regeln" für den Einsatz von Medien (Abbildung 18, S. 82). Die Folie stammt von einem Teilnehmer meiner Seminare. Ihr ist anzusehen, dass für den Teilnehmer die *Clipart*-Galerie von *Microsoft* etwas Neues war. Alle, die am PC eine neue Möglichkeit entdecken, ha-

7 Visualisierungs-Tipps

① Das Wichtigste wird am größten dargestellt.
② Die wichtigsten Aussagen in die Mitte.
③ Bekannte Zeichen und Symbole verwenden.
④ Mit einem Rahmen eine geschlossene Einheit herstellen.
⑤ Eine lesbare Schrift(-Größe) wählen.
⑥ Farben bewusst einsetzen.
⑦ Sparsam mit typographischen Mitteln umgehen.

Abb. 17: Folien-Beispiel – Textfolie

ben die Neigung, diese Möglichkeit auch zu nutzen. Meine Empfehlung: Wenn Ihre Zuhörerinnen und Zuhörer deutlich über zwanzig sind, sollten Sie nur selten auf Clipart-Galerien zurückgreifen.

2.3.2 Folien einsetzen und gestalten

Ralph Möllers hat sich beim Zuhören von Vorträgen oft gelangweilt (fadisiert heißt das umgangssprachlich in Österreich). Er schreibt:

„… und mir wurde schlagartig klar, welche Erfindung in die Spitzengruppe der aussterbenswürdigen Gerätearten gehörte: der Overheadprojektor. Dieser notorische Banalitätenvergrößerer war aus den Präsentationen von langweiligem Tabellenmüll durch langweilige Referentendarsteller in langweiligen Anzügen nicht mehr wegzudenken. Wo früher die gute alte Tafel noch wenigstens den persönlichen Einsatz des Vortragenden erforderte, fadisieren heute die computerproduzierten seelen- und einfallslosen Präsentationsfolien den Zuleser." (1993: 71 f.)

Der Overhead-Projektor ist – richtig genutzt – ein Medium mit vielen Vorteilen. Folien können zu Hause vorbereitet werden. Sie sind einfach zu erstellen, können kopiert und beliebig oft verwendet werden. Mit dem PC können Sie problemlos Tabellen, Grafiken, Flussdiagramme und weitere Gestaltungselemente in das Textverarbeitungsprogramm einbinden. Präsentations-Programme – zum Beispiel *Microsoft PowerPoint* – erleichtern die Erstellung von übersichtlichen und anschaulichen Folien. Mit Folien können Sie Abwechslung in ein Referat bringen, Aufmerksamkeit wecken und zum Nachdenken anregen. Voraussetzung dafür sind allerdings gute Folien und eine richtige Präsentation.

Folien einsetzen

Ein großer Vorzug des Overhead-Projektors besteht daran, dass Sie während der Präsentation zu den Zuhörerinnen und Zuhörern Blickkontakt halten können. Diesen Vorzug sollten Sie auch nutzen – und nicht zur Projektionsfläche sprechen. Zeigen Sie alles, was Sie zeigen wollen, auf der Folie – und nicht auf dem projizierten Bild. Nutzen Sie dafür einen speziellen Zeigestab oder einen dünnen Stift (wenn es sein muss: einen Laser-Pointer). Worauf ist noch zu achten? Auf vier Punkte:

Medien einsetzen

 Alle müssen von ihrem Platz ohne Kopfverrenkungen gut sehen können.

 Alle müssen Alles gut lesen können. Die Schriftgröße muss stimmen.

 Alle müssen genügend Zeit haben, das Gezeigte zu lesen und aufzunehmen.

 Immer Blickkontakt zu den Zuhörerinnen und Zuhörern halten.

 Mit einem Zeigestab oder Stift auf die Stelle zeigen, über die Sie sprechen.

Abb. 18: Folien-Beispiel – Worauf beim Einsatz von Medien zu achten ist

1. Stellen oder setzen Sie sich seitlich hinter den Projektor. Achten Sie darauf, dass Sie nicht zu dicht neben dem Apparat stehen, Sie versperren sonst manchen Zuhörerinnen und Zuhörern die Sicht auf die Projektionsfläche.

2. Folien sind Mittel der Veranschaulichung – keine Gedächtnisstützen. Schreiben Sie Erläuterungen zur Folie auf ein gesondertes Blatt, damit Sie nicht an der Folie „kleben" müssen und sich einen angemessenen Abstand vom Projektor erlauben können. Programme wie *PowerPoint* haben eine „Notes"-Funktion: Zu jeder Folie kann ein „Notizblatt" mit einer verkleinerten Kopie der Folie angelegt werden, auf dem Sie alle notwendigen Erläuterungen notieren können.

3. Machen Sie deutliche Sprechpausen beim Auflegen bzw. Wechseln der Folien. Lassen Sie jede Folie zwei bis drei Sekunden „wirken", bevor Sie auf den Inhalt eingehen. Kontrollieren Sie die Lage der Folie auf dem Projektor und nicht auf der Projektionsfläche.

4. Zeigen Sie eine Folie nur so lange wie Sie über ihre Inhalte sprechen. Lassen Sie den Zuhörenden genügend Zeit, sich Notizen zu machen. Der Projektor sollte nur dann eingeschaltet sein, wenn Sie eine Folie zeigen. Das Ein- und Ausschalten des Projektors kann eine Gliederungshilfe sein: den Beginn bzw. Abschluss eines Themenblocks signalisieren.

Sie können eine vorbereitete Folie auflegen, den Overhead-Projektor wie eine Tafel nutzen, und Sie können einen der Präsentationswege einschlagen, die in der Abbildung 19 (Seite 84) vorgestellt werden.

Folien gestalten

Bei der Gestaltung von Folien sind ein Grundsatz und vier Regeln zu beachten. Der Grundsatz: Visualisieren bedeutet weder Bildchen malen noch viel Text oder nebensächliche Informationen auf Folien übertragen. Folien sollen nicht zeigen, was Sie alles wissen. Folien dienen vielmehr dazu, Informationen zu gestalten. Fragen Sie bei der Gestaltung von Folien nicht, was Sie alles auf eine Folie packen können. Überlegen Sie vielmehr, was Ihr Publikum der Folie entnehmen soll.

Die Abbildungen 9 bis 14, 17 und 18 sind Beispiele für die Gestaltung von Folien. Wie eine Folie *nicht* aussehen sollte, zeigt Abbildung 19.

1. Die Schrift ist zu klein. Dieser Hauptmangel vieler Folien kommt vor allem dann zustande, wenn Texte aus Büchern oder Zeitschriften auf eine Folie kopiert werden.

2. Mit Graufstufen, Rastern und Negativschrift wird ein doppelter Negativeffekt erreicht: Das Lesen wird erschwert, und die Folie sieht hässlich aus. Kopien solcher Folien werden extrahässlich.

Präsentations-Techniken

Unterleg-/Ergänzungstechnik

„Bei dieser Technik liegt eine vorgefertigte Folie mit einem Grundmuster unter einer unbeschriebenen Folie (oder – sofern vorhanden – unter der Rollenfolie). Die unbeschriebene Folie wird während der Präsentation ergänzt. Die darunterliegende Folie mit dem Grundmuster bleibt unverändert und kann wieder verwendet werden."

Überleg-(Aufbau-, Overlay)Technik

„Diese Technik ist besonders *anschaulich* und gut geeignet, einen *komplizierten Zusammenhang* zu erläutern. Durch Übereinanderlegen mehrerer Folien wird das Schaubild schrittweise aufgebaut. Dabei können bis zu acht Folien (Stärke 0,08 mm) übereinandergelegt werden …"

Figurinentechnik

„Hierbei wird eine Folie mit einer Schere in verschiedene Teile zerlegt, die der Reihe nach aufgelegt werden. Ebenso wie bei der Überlegtechnik ist das Ziel dieser Technik, einen Sachverhalt *schrittweise zu entwickeln*. Hinzu kommt aber noch der VORTEIL, dass die verschiedenen Elemente oder Figuren auf der Arbeitsfläche des Projektors nach Belieben BEWEGT (also z.B. Prozesse, Abläufe, Bewegungen simuliert) werden können."

Quelle: Stary 1997, S. 123 f.

Karls Zeigmal
Wie man schlechte Folien erstellt.
Hochschule der Künste. Berlin 2001
Folie 2 von 27

Vorträge2001/Folien/Schrift1.doc

Abb. 19: „Klassische" Fehler der Folien-Gestaltung

Aufdecktechnik

Prinzip
Darstellung wird mit einem Blatt abgedeckt und schrittweise aufgedeckt.

Vorteil
Informationen lassen sich dosieren und die Aufmerksamkeit gezielt lenken.

Nachteil
Publikum kann den Eindruck gewinnen, wie in der Schule behandelt zu werden.

Fazit
Von dieser Präsentationstechnik ist im Wissenschaftsbereich abzuraten.

Quelle: Stary 1997, S. 122

Abb. 20: Informationen gestalten

3. Mit einem Wirrwarr an Hervorhebung erzielt man allenfalls den Effekt, für etwas wirr gehalten zu werden.
4. Folien sind keine Traueranzeigen. Vermeiden Sie deshalb Rahmungen.
5. Drohungen – Folie 2 von *27* – sollten vermieden werden. Ihren Namen können sich die Zuhörerinnen und Zuhörer auch dann merken, wenn er nicht auf jeder Folie steht.
6. Dateinamen sind für jedes Publikum uninteressant.
7. Auf Folien sollen Informationen *aufbereitet* werden. Deshalb sollten ganze Sätze die Ausnahme sein, die wichtigen Definitionen vorbehalten ist. Was aufbereitet meint, können Sie der Abbildung 20 entnehmen.

Die vier Regeln:

1. *Überschaubare Zahl an Informationen:* Die Informationen auf einer Folie sollten auf einen Blick erfasst werden können. Mehr als sieben Aussagen sind zuviel. Nutzen Sie deshalb maximal 60 % der Folie aus. Lassen Sie an allen Seiten einen breiten Rand und genügend Abstand zwischen den Zeilen. Schreiben Sie nicht mehr als 10 bis 12 Wörter pro Zeile.
2. *Klare Struktur:* Gliedern Sie Textinformationen durch
   1. Ziffern
   – Spiegelstriche,

- Punkte,
⇒ Pfeile oder
♦ andere typographische Elemente.

3. *Richtige Schriftgröße:* Kein Buchstabe sollte kleiner als 5 mm sein. Wenn Sie Folien mit dem PC gestalten, wählen Sie Schriftgrößen von 18 Punkt und größer:

- 18 Punkt für den laufenden Text (und Bildunterschriften),
- 18 Punkt fett für Hervorhebungen,
- 24 Punkt fett für Zwischenüberschriften und
- 30 Punkt fett für die Hauptüberschrift.

4. *Überlegter Umgang mit Farbe und Zeichen:* Folien sollten keine bunten Bildchen sein. Bunte Folien lenken meist vom Wesentlichen ab und sind deshalb keine Verständnishilfe. Setzen Sie Farben gezielt ein zur Hervorhebung und Gliederung. Wenn Sie mehrere Farben verwenden, sollten Sie identische Sachverhalte mit denselben Farben hervorheben (zum Beispiel Rot für Wechselwirkungen, Blau für Ursache-Wirkung-Relationen). Gehen Sie auch sparsam mit typographischen Mitteln um: Je mehr Mittel eingesetzt werden, desto geringer ist ihr Aufmerksamkeitswert.[19]

2.3.3 Handout & Co

Zum Vortragsservice gehört ein *Handout* mit den wichtigsten Definitionen und Begriffen, mit Namen, Zahlen, Daten, Formeln und Literaturhinweisen. Solche Handreichungen erleichtern es, sich auf Ihren Vortrag zu konzentrieren; sie entlasten vom Mitschreiben und geben die Möglichkeit zum Nachlesen.

Ein Handout sollte

- alle notwendigen Angaben enthalten (wer spricht über was in welchem Zusammenhang),
- kurz, knapp und übersichtlich sein,
- dem Aufbau Ihres Vortrags folgen,
- Raum für Notizen lassen.

Zur Kür gehört eine „Themen-Landkarte", die am Anfang des Handouts steht und einen Überblick über die Themen bzw. die Struktur des Vortrags gibt. Eine Themen-Landkarte können Sie als Mind-Map (vgl. Abb. 4) anlegen oder als Netzwerk wie in Abbildung 21, der ersten Seite eines Hand-

---

[19] Über Werkzeuge zur Foliengestaltung informiert Stary (1997: 128ff.) ausführlich.

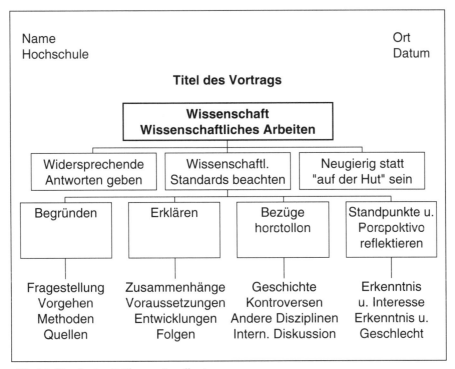

Abb. 21: Handout mit Themen-Landkarte

outs zu einem Vortrag, den ich vor Studienanfängerinnen und Studienanfängern halte.

Um pointierte Behauptungen statt um Fakten geht es in Thesenpapieren, die zur Diskussion im Anschluss an einen Vortrag anregen sollen. Damit dieses Ziel erreicht wird, müssen Thesen *kurz* und *prägnant* sein. Die wichtigsten Argumente und Ergebnisse müssen zu *pointierten Behauptungen* verdichtet bzw. zugespitzt werden. Erscheinen Thesen den Zuhörerinnen und Zuhörern plausibel, kommt keine Diskussion zustande.

Ein Thesenpapier sollte zu Beginn eines Vortrags verteilt werden. Die Reihenfolge der Thesen muss mit dem Aufbau des Vortrags korrespondieren, damit die Zuhörenden problemlos folgen können und nicht der Eindruck entsteht, im Thesenpapier stünde etwas anderes als im Vortrag zu hören ist.[20]

---

[20] Mehr zum Thesenpapier in Franck (2000: 98f.). Über die Anforderungen an schriftlich einzureichende Konferenzbeiträge informieren Meyer zu Bexten u.a. (1996: 79ff.).

2.4 Gewusst wo: Vortragsanlässe und ihre Besonderheiten

Blättern Sie einmal in Rhetorik-Büchern aus dem letzten Jahrhundert. Sie werden Hinweise zur Antrittsrede finden und Muster für Fest- oder Eröffnungsreden. Wenn Sie Glück haben, stoßen Sie auch auf Stichworte für eine „Damenrede"[21]. Und Sie können Formeln nachlesen – Eröffnungsformel, Schluss- und andere Formeln. Formelhaft sind auch noch in diesem Jahrhundert viele Vorträge und Reden:

- „Bitte, Herr Prof ... ergreifen sie das Wort."
- „Zur heutigen Feierstunde anlässlich der Eröffnung unseres neuen Tropenhauses begrüße ich ganz besonders herzlich unseren hochverehrten ..."
- „Sehr verehrter Herr Rektor (in Ost- oder Süddeutschland auch schon mal: *Magnifizenz*), sehr geehrter Dekan (hier und dort gelegentlich noch oder wieder: *Spektabilität*), meine sehr verehrten Damen, sehr geehrte Herren, liebe Gäste. Wir feiern hier und heute ..."
- „Meine sehr verehrten Damen, sehr geehrte Herren, liebe Gäste, werte Kolleginnen und Kollegen, sehr verehrter Herr Prof. Heldmann. Viele können es noch gar nicht richtig fassen, dass ein so ausgesprochen jugendlicher Wissenschaftler wie sie, lieber Prof. Heldmann, heute emeritiert. Wir erinnern uns ..."

Es mag wichtig sein, kirchliche Würdenträger *vor* weltlichen zu begrüßen und Damen *vor* Herren – wenn die Damen aber Ehefrauen wichtiger Männer sind, „werden erst die Amts- und Würdenträger, dann ihre Frauen begrüßt" (Pabst-Weinschenk 1995: 143)[22]. Ich bin jedoch kein guter Etiketten-Ratgeber. Zu oft habe ich mich gelangweilt bei Festvorträgen, bei der Verabschiedung von Würden-, Amts- und anderen Trägern, bei Eröffnungsreden, Laudationes und sonstigen feierlichen Worten. Da ich Sie nicht zu riskantem Etiketten-Verstoß ermuntern will, konzentriere ich mich auf einige Besonderheiten von vier Vortragsanlässen: den Kongressauftritt, die Bewerbung, den Vortrag in der Lehre und den populärwissenschaftlichen Vortrag. Sie finden auf den nächsten Seiten Anregungen, die helfen, die Hinweise in den vorangegangenen Abschnitten situationsbezogen umzusetzen.

---

[21] Stichworte für eine „Damenrede": *Dank* für die Einladung; *Anerkennung* für die Dame des Hauses; *Lob* aller anwesenden Damen (sie geben dem Ereignis erst den richtigen Rahmen); *Aufforderung* an die Herren, auf das Wohl der Damen anzustoßen (Ebeling 1981: 98).

[22] Die Autorin gibt leider keinen Hinweis, ob auch die Ehemänner von Amts- und Würdenträgerinnen begrüßt werden.

2.4.1 Kongress und Tagung

Ich empfehle im ersten Abschnitt dieses Kapitels, bei Vorträgen abzuweichen von der Meine-Damen-und-Herren-mein-Thema-lautet-Routine. Diese Empfehlung sollten Sie vor allem dann und dort berücksichtigen, wenn bzw. wo an einem oder zwei Tagen viele Vorträge auf dem Programm stehen. Ein Vortrag soll informativ, anregend, interessant sein. Das ist ungeschriebenes Vortrags„gesetz". Wie Sie einen Vortrag beginnen, ist nicht verbindlich vorgeschrieben. Die Reihenfolge des Beginns ist eine Funktion Ihres Ziels. Wenn Sie

- das Wohlwollen des Publikums gewinnen wollen, das für Abwechslung dankbar ist,
- Aufmerksamkeit auf Ihr Thema lenken wollen,
- nicht nur als Medium im Dienste der Wissenschaft bei den Zuhörenden in Erinnerung bleiben wollen, sondern auch als Person
- dann sollten Sie versuchen, mit Ihrer Einleitung einen Akzent zu setzen. Arrangieren Sie die vorgestellten Einleitungsschritte (vgl. S. 34 ff.) originell. Zum Beispiel so:

1. Welcher Streit auch immer im grünen Hühnerhaufen tobt, eines ist gewiss: Der Außenminister geht gestärkt daraus hervor. Joschka Fischers Aktien steigen nicht trotz, sondern wegen des grünen Desasters.   *Aufmerksamkeitswecker*

2. Guten Morgen, meine Damen und Herren.   *Begrüßung*

3. Die politische Hausse des Vizekanzlers ist mindestens unter zwei Gesichtspunkten eine Analyse wert. Wir können Aufschluss gewinnen   *Nutzen hervorheben*
   - erstens über die Mechanismen einer erfolgreichen Selbstinszenierung von Politikern und
   - zweitens über den Zeitgeist, der den „starken Mann" honoriert, der seine Partei brüskiert.
   Die paradoxe Reaktion, dass die öffentlich demonstrierte Verachtung der eigenen Partei mit dem Parteivorsitz belohnt wird – formell in der SPD, informell bei den Grünen – macht dieses Phänomen für die Politikwissenschaft noch interessanter.

4. Meine Name ist … Ich forsche derzeit im Projekt … an der Universität … über … Ich habe mich über die Einladung zu diesem Kongress sehr gefreut, denn es ist eine große Chance, meine Untersuchungen einem so kompetenten Auditorium vorzustellen.   *Vorstellen (danken und schmeicheln)*

5. Ich skizziere zunächst das Inszenierungsmuster, mit dem sich Joschka Fischer so große Popularität verschafft. Im zweiten Schritt …   *Vorschau*

Originalität verträgt sich nicht mit Schematismus. Die Hinweise, wie Sie mit einer etwas anderen Einleitung ein wenig Pfiff auf Tagungen und Kongresse bringen können, sind ein Set, das Sie flexibel arrangieren können. Wenn Sie zum Beispiel vorgestellt wurden, verändert sich der vierte Schritt bzw. seine Position:

1. *Mannesmann* und *Vodafone* lieferten sich eine erbitterte Übernahmeschlacht. Mit etwas Abstand vom Schlachtgetümmel lässt sich der große Verlierer ausmachen.
2. Guten Tag, meine Damen und Herren.
3. Bevor ich ihnen diesen Verlierer präsentiere, möchte ich mich für die freundliche Vorstellung bedanken. Ich gestehe, ich höre gerne Lob über meine bisherige Arbeit.
4. Nun zum Verlierer: Es ist das Niveau der Werbung. Der Versuch, die Aktionäre von *Mannesmann* zu bewegen, etwas *nicht* zu *ver*kaufen, überforderte die Werbeprofis ...
5. Ich zeige zunächst ...

Um meine Warnung vor Schematismus zu unterstreichen, lockere ich auch mein „Verbot", mit einer Definition zu beginnen (vgl. S. 60):

1. Was ist das eigentlich *Öffentlichkeitsarbeit*?
2. Um Antworten auf diese Frage geht es in meinen Vortrag. Guten Tag, meine Damen und Herren.
3. Eine klassische Definition aus dem Jahre 1984, die seitdem in vielen Varianten wiederholt wird, bestimmt Öffentlichkeitsarbeit als Teil des Managements von Kommunikationsprozessen zwischen Organisationen und ihren Öffentlichkeiten.
   Diese Definition ist nicht sehr aufschlussreich. Sie enthält keine Bestimmungen über die Funktion und das Ziel dieses Kommunikationsmanagements – und damit auch keinen Hinweis auf die Eigenart der Kommunikation.
4. Als jemand, der sieben Jahre in dieser Branche gearbeitet hat, weiß ich wie solche Definitionen entstehen: Aus dem Interesse der PR-Macher, möglichst weit oben in der Unternehmenshierarchie, im Management angesiedelt zu sein.
5. Ich will nicht mit weiteren Definitionen aufwarten, sondern anhand von drei Beispielen zeigen ...

Eine Anmerkung zur Vorstellung: Stapeln Sie weder hoch noch tief. Understatement ist nur dann angebracht, wenn Sie in Ihrer Zunft bereits halbwegs bekannt sind. Und denken Sie daran:

- der Kumpel kommt im Revier gut, aber nicht in der Wissenschaft,
- der Clown ist im Zirkus beliebt, aber nicht auf Kongressen,

- die Selbstdarstellerin ist bei Biolek gut aufgehoben, aber nicht auf Tagungen.

Waren Sie schon öfter unzufrieden, dass Sie auf Tagungen langweilig, fehlerhaft oder unvollständig vorgestellt wurden? Haben Sie Schwierigkeiten, eine Vorstellung Ihrer Person zu korrigieren? Dann ist vielleicht dies ein Mittel, das Abhilfe schaffen kann: Schicken Sie der oder dem Verantwortlichen für die Kongressorganisation eine Wunsch-Vorstellung. Schreiben Sie, worüber Sie bisher gearbeitet haben, welche Veröffentlichungen wichtig sind, und was Sie sonst noch mitteilenswert finden. Mit diesem Text wollen Sie niemanden etwas vorschreiben, sondern nur der oder dem Betreffenden die Arbeit erleichtern.

2.4.2 Bewerbung

Schließt man von den Anforderungen, die in Stellenausschreibungen im Wissenschaftsbereich formuliert werden, auf die Realität an deutschen Hochschulen, dann lehren und forschen dort Spitzenkräfte, die

- in ihrem Fach auf der Höhe der Zeit und didaktisch fit sind,
- Geduld und Geschick in der Förderung des wissenschaftlichen Nachwuchses haben,
- die Forschung voranbringen,
- erfolgreich Drittmittel akquirieren,
- kollegial und selbstlos in der akademischen Selbstverwaltung engagiert sind und
- exzellente Managementqualitäten aufweisen.

Schön wäre es. Weil exzellente Managementqualitäten an Hochschulen eher die Ausnahme als die Regel sind, lässt das Management von Stellenbesetzungsverfahren häufig zu wünschen übrig, werden Verfahrensordnungen zur Besetzung von Professuren und Stellen nicht immer ordentlich gehandhabt, sondern nach dem *Toyota*-Motto verfahren: „Nichts ist unmöglich". Wer die erste Bewerbungshürde genommen hat und zum „Vorsingen" eingeladen wurde, sollte deshalb hartnäckig nachfragen, was verlangt wird: ein Vortrag, in dem

1. die wissenschaftliche (bzw. künstlerische) Qualifikation oder
2. die pädagogische Eignung bzw. – an Fachhochschulen – der Praxisbezug unter Beweis gestellt werden soll?

Aus den Antworten ergeben sich weitere Fragen.

1. Fachvortrag:
- Soll ein Überblick über einen Themenbereich gegeben werden oder die eigene Forschung im Mittelpunkt stehen?

- Vor wem soll der Vortrag gehalten werden? Vor einem heterogenen oder homogenen Publikum, vor Lehrenden und Studierenden oder exklusiv vor der Berufungs- bzw. Bewerbungskommission?
- Soll der Vortrag in deutsch, englisch oder einen anderen Sprache gehalten werden?

2. Probelehrveranstaltung:
- Ist die Gestaltung der Lehrveranstaltung freigestellt oder wird ein bestimmter Veranstaltungstyp, eine spezielle Lehrmethode erwartet (zum Beispiel Übung oder Diskussion)?
- In welchem Semester sind die teilnehmenden Studentinnen und Studentinnen?
- Ist sichergestellt, dass Studierende teilnehmen?

Das Telefon ist das wichtigste Instrument, um sich Klarheit darüber zu verschaffen, was verlangt wird, wie sich das Publikum zusammensetzt und wer das Sagen hat.

Die Hermeneutik ist angemessene Methode, um aus diesen Informationen die richtigen Schlussfolgerungen für die Arbeit an einem Vortrag oder einer – wie es in der letzten Zeit öfter genannt wird – Präsentation zu ziehen. Es kommt darauf an, die formulierten Anforderungen wörtlich und zugleich frei zu interpretieren. Ein Beispiel: Wenige Tage nachdem ich mein Diplom in der Tasche hatte, bewarb ich mich an einem Institut der *Freien Universität Berlin* um eine Stelle als wissenschaftlicher Mitarbeiter. Ich wurde eingeladen und aufgefordert, 20 Minuten über meine Vorstellungen zur Organisation und Gestaltung des Grundstudiums an diesem Institut zu reden. Ich habe, unbescheiden formuliert, gute Vorschläge gemacht – und einen großen Fehler: Ich habe mir ein falsches Vortragsziel gesteckt. Ich wollte ein möglichst schlüssiges Konzept entwickeln. Das ist mir gelungen. Die Studierenden fanden es gut, die Vertreterinnen und Vertreter des Mittelbaus fanden es gut, ein Professor fand es gut. Nur der Institutsdirektor nicht. Mein Konzept zielte auf eine Verbesserung der Lehre. Und Lehre war dem Institutschef lästig. Hätte ich mir als Ziel gesetzt, ich will die Stelle als wissenschaftlicher Mitarbeiter, hätte ich die Studieninhalte und die Anforderungen an die Studierenden in den Mittelpunkt gestellt – und die Stelle vielleicht bekommen. Das Ziel, das ich mir gesteckt habe, hatte nur das große Bedauern der Studierenden und des Mittelbaus zur Folge, dass ich nicht genommen wurde.

Kurz: Es geht bei Vorträgen in Vorstellungssituationen nie nur um Kompetenz, um Wissenschaft, um adäquate Problemlösungen, sondern vor allem auch darum, ob man „passt" (s.a. Feuck 2000). Deshalb sind die Überlegungen zum Vortragsziel und zur Zielgruppe, die ich weiter vorne ausführlich erläutert habe (S. 23), für diesen Anlass besonders wichtig.

Zur handwerklichen Seite des Vortrags folgen drei Hinweise: eine Mahnung, eine Warnung und eine Empfehlung.

1. Auch wenn Ihr Publikum ausschließlich aus gestandenen Wissenschaftlerinnen und Wissenschaftler besteht, sollten Sie „nie vergessen, dass die Gesellschaft lieber unterhalten als unterrichtet werden will" (Adolf Freiherr von Knigge). Professorinnen und Professoren sind auch nur Menschen. Und wenn diese Menschen drei trockene Vorträge gehört haben, blühen sie auf, wenn im vierten Vortrag ein wenig Leben ist und einmal (oder zweimal) geschmunzelt werden kann.

2. Wer eine Probelehrveranstaltung bestreiten muss, sollte sich vor dem Sokratischen Gespräch hüten, dem Lehrgespräch, das davon lebt, dass Studierende die Antworten geben, die Lehrende im Kopf haben. Mit dieser Lehrform gehen Sie ein hohes Risiko ein: Sie liefern sich den Studierenden aus, die diese Form der Lehre – zu Recht – häufig als peinlich empfinden und sich deshalb verweigern. Fast alles andere ist deshalb besser: Ein Impuls-Referat von zehn Minuten mit anschließender Diskussion, die wirklich eine Diskussion ist, oder eine (Gruppen-)Aufgabe, die herausfordert (oder auf die Lust setzt, knifflige Aufgaben zu bewältigen). Auch mit einem Lehrvortrag, der sich deutlich vom Fachvortrag unterscheidet, können Sie Ihre „pädagogische Eignung" demonstrieren. Länger als 30 Minuten sollte dieser Vortrag nicht dauern, denn Ihre Fähigkeit, eine Diskussion über diesen Vortrag anzuregen, zu leiten und auf Fragen einzugehen, ist Teil dieses Nachweises.

3. Bei der Bewertung eines Lehrvortrags an einer Fachhochschule (gelegentlich auch „Probevortrag" genannt) nimmt die Berufungs- bzw. Auswahlkommission die Meinung der Studierenden häufig sehr ernst. Wenn Fachhochschulen für Sie unbekanntes Terrain sind, kommen Sie in der Vorbereitung mit dem Grundsatz „Make it easy" weiter. Im Vordergrund eines Probevortrags steht die Fähigkeit zur anschaulichen und praxisnahen Vermittlung eines Sachverhalts. Mit einem Fallbeispiel liegen Sie in Sozialwissenschaften fast immer richtig, während schon drei analytische Sätze zum Etikett „Theoretiker" führen können. Wenn es etwas zum Zeigen oder Anfassen gibt, zeigen Sie es, reichen Sie es herum – das Werkstück mit guter oder schlechter Schweißnaht, die Anzeige eines Unternehmens, die Zeichnung von Klienten oder Patientinnen. Wenn Sie die komplexe Verdichtung eines theoretischen Konstrukts wagen, riskieren Sie, dass man Ihnen unterstellt, Sie hätten den Lehrvortrag mit einer Antrittsvorlesung verwechselt – auch dann, wenn diese komplexe Verdichtung sehr anschaulich war.

Make it easy ist aus einem weiteren Grund ein nützlicher Grundsatz. Vor allem an Fachhochschulen schießen neue Studiengänge wie Pilze aus

dem Boden. Und diese neuen Studiengänge werden häufig von Fach-
fremden eingerichtet. So kann es Ihnen als Marketing-Expertin passieren, dass sie einen Vortrag vor Studierenden halten, die Bibliothekarin
oder Bibliothekar werden wollen, und vor einer Berufungskommission,
in der Juristen entscheiden, die auf das Recht des Bibliothekwesens spe-
zialisiert sind – also vor Laien. Vor Laien sollten Sie einen populärwissenschaftliche Vortrag (vgl. S. 96 f.) halten. Wenn niemand *inhaltlich* beurteilen kann, was Sie vorgetragen, treten zwangsläufig andere Beurtei-
lungskriterien in den Vordergrund: Verständlichkeit, Anschaulichkeit,
der Einsatz von Medien, *guten* Folien usw. Auch deshalb sind Medien
sind beim Lehrvortrag an einer Fachhochschule Pflicht.

2.4.3 Lehre

Ein Vortrag vor Studierenden[23] ist nicht das ganz Andere und doch etwas
Besonderes, weil

1. Studentinnen und Studenten häufig nicht freiwillig dort sitzen, wo Vorträge gehalten werden;
2. für Studierende nichts selbstverständlich ist – weder die objektive Relevanz eines Themas für das Fach noch die subjektive Bedeutung für das
   Studium oder den künftigen Beruf.

Deshalb ist es besonders wichtig, Interesse für ein Thema, ein Problem oder
eine Frage zu wecken und dieses Interesse aufrechtzuerhalten. Mit einer
Reihe von Hinweisen will ich dazu beitragen, dass dies gelingt. Einige der
Hinweise sind Wiederholungen aus den ersten beiden Abschnitten dieses
Kapitels. Neu oder zumindest anders akzentuiert sind die Begründungen
für diese Hinweise.

1. Den Vortrag begründen: Warum ist es wichtig, etwas über das Thema
   zu wissen? Heben Sie den Nutzen Ihrer Ausführungen hervor: „Um die
   Wirtschafts- und Konjunkturpolitik verstehen zu können, die seit den
   achtziger Jahren in den USA und in Großbritannien verfolgt wird, ist es
   wichtig, die Grundzüge von Milton Friedmans Monetarismus-Konzept
   zu kennen."

2. Das Ziel des Vortrags angeben: Wenn die Zuhörenden wissen, worauf
   es ankommt, können sie einem Vortrag leichter folgen. „Ich will vor allem deutlich machen, welche Folgen für den Arbeitsmarkt der Verzicht
   auf eine aktive Konjunkturpolitik hat."

---

[23] Mit *Vortrag* ist kein Veranstaltungstyp gemeint. Über die *Vorlesung* hat Hans-
Jürgen Apel (1999) ein anregendes Buch geschrieben.

3. Einen Überblick geben: Ein, so das Fachwort, „advance organizer" erleichtert das Einordnen der Informationen und damit das Verständnis eines Vortrags.

4. An Bekanntes anknüpfen: Neue Informationen werden leichter aufgenommen und besser verarbeitet, wenn es gelingt, sie in bereits vorhandenes Wissen einzuordnen bzw. auf dieses Wissen zu beziehen.

5. Einen persönlichen Bezug herstellen: Lernen ist in hohem Maße eine Funktion der persönlichen Bedeutsamkeit. Wenn ein Thema es ermöglicht, einen Bezug zur Lebenswelt der Studierenden herzustellen – zum Beispiel ihrer Berufsperspektive –, sollten Sie diese Chance zur Steigerung der Aufmerksamkeit nutzen.

6. Zu Zwischenfragen auffordern: Mit dieser Aufforderung verhindern Sie, über die Köpfe der Studierenden hinwegzureden: „Bitte unterbrechen sie mich, wenn sie Fragen haben oder über einen bestimmten Punkt mehr wissen möchten." „Wenn sie Fragen haben oder über einen bestimmten Punkt mehr wissen möchten", klingt viel ermunternder als „wenn sie etwas nicht verstanden haben."

7. Wichtiges betonen: Nicht alle Punkte sind gleich wichtig. Setzen Sie deshalb sprachliche Bedeutungssignale – sowohl ausdrücklich („Der *entscheidende* Punkt …") als auch durch Pausen, eine veränderte Stimmlage oder einen Wechsel im Sprechrhythmus.

8. Beispiele anführen: Je trockener Ihr „Stoff" ist, desto mehr sollten Sie sich um anschauliche Beispiele und Vergleiche bemühen.

9. Wegweiser aufstellen: Machen Sie deutlich, wenn eine Frage beantwortet, ein Punkt abgeschlossen ist und eine neue Frage, ein weiterer Aspekt behandelt wird – und wie diese Frage mit jener zusammenhängt oder dieser Aspekt aus jenem folgt.

10. Medien einsetzen: Prüfen Sie, ob Sie komplexe Informationen visualisieren können, um sie übersichtlich und anschaulich zu machen.

11. Fragen formulieren: Rhetorische Fragen erhöhen die Aufmerksamkeit und erleichtern das Verständnis. Formulieren Sie deshalb ab und an eine Feststellung als Frage. Statt:
    - „Die an Keynes orientierte antizyklische Konjunkturpolitik scheiterte aus drei Gründen"
    - „Die Grenzen der Steuerung marktwirtschaftlicher Systeme liegen …"
    Fragen:
    - „Woran scheiterte die an Keynes orientierte antizyklische Konjunkturpolitik? Vor allem an drei …"
    - „Wo liegen die Grenzen der Steuerung marktwirtschaftlicher Systeme?"

12. Zusammenfassen: Heben Sie hervor, was Sie mit welchem Ertrag gezeigt haben, welche Fragen beantwortet, welche Probleme gelöst werden können. Und geben Sie einen Ausblick auf weiterführende Fragen.

13. Zur Diskussion anregen (mehr dazu im nächsten Kapitel).

2.4.4 Populärwissenschaftlicher Vortrag

Im Duden werden drei Bedeutungen für *populär* angeboten. Die für Vorträge passende lautet: „Anklang, Beifall, Zustimmung findend". Einen populärwissenschaftlichen Vortrag vorbereiten und halten heißt nicht, dass Niveau zu senken, sondern eine erhöhte Bringschuld einzulösen: über komplizierte Sachverhalte verständlich und möglichst anschaulich zu informieren. Die Hinweise auf den Seiten 36 bis 41 sind zur Bewältigung dieser Anforderung besonders nützlich – und Anleihen beim Journalismus.

Um den *Nachrichtenwert* eines Ereignisses zu bestimmen, fragen Journalistinnen und Journalisten nach dem *Publikumsinteresse*. Dazu zählt: Ort, Zeitpunkt, Unterhaltungswert, Neuigkeitsgehalt und Bedeutungsnähe eines Ereignisses sowie die Prominenz der beteiligten Personen oder Institutionen. Das Interesse der Leserinnen und Leser wächst, so wird angenommen, wenn ein Ereignis

- in der *Nähe* stattfindet,
- *aktuell* ist,
- einen *Unterhaltungswert* hat, weil es kurios, ungewöhnlich, spannend oder dramatisch ist,
- einen *Neuigkeitswert* hat, weil es bisher noch nicht vorgekommen ist,
- den Leserinnen und Leser etwas bedeutet, weil es ihnen *thematisch nahe* ist, und wenn
- die Beteiligten *prominent* sind.[24]

Ein Bericht oder eine Meldung wird nach diesen Kriterien aufgebaut: Das, was das Publikum besonders interessiert, steht am Anfang, dann folgen die näheren Umstände und schließlich, falls notwendig, Einzelheiten. Für populärwissenschaftliche Vorträge lassen sich aus dieser Schreibperspektive von Journalistinnen und Journalisten zwei Schlussfolgerungen ziehen.

1. Der Aufbau muss das Publikum ansprechen, nicht wissenschaftlichen Standards entsprechen

Der Aufbau eines Vortrags ergibt sich nicht zwingend aus der „Logik der Forschung". Ein Thema erzwingt keine Reihenfolge seiner Darstellung. Ei-

---

[24] Vgl. ausführlicher: Franck (1996: 106ff.).

ne Thema kann gar nichts. *Sie* können sich daran orientieren, was Ihre Zuhörerinnen und Zuhörer an Ihrem Thema besonders interessieren könnte. Zum Beispiel muss kein Überblick über den Stand der Forschung am Anfang stehen. Das Problem ist für Menschen, die nicht vom Fach sind, meist viel interessanter als die wissenschaftliche Debatte über das Problem. Am Vortragsanfang kann auch eine Lösung stehen, um dann das Problem zu entwickeln, das mit dieser Lösung behoben werden kann.

2. Die richtigen Brücken bauen

Die Kriterien für Publikumsinteresse bieten nützliche Anhaltspunkte, um den Zuhörerinnen und Zuhörern Brücken zu ihrem Vorwissen, ihren Erfahrungen und Interessen zu bauen.

- *Aktualität:* Das Beispiel oder der Vergleich aus der Geschichte sind nur dann erste Wahl, wenn sie einen *Unterhaltungswert* haben oder treffend sind. Das aktuelle Beispiel, der Bezug auf ein aktuelles Ereignis ist meist interessanter und der Sympathie weckende Nachweis, dass Sie keinen gut abgehangenen Vortrag aus der Schublade geholt haben.
- *Bedeutungsnähe:* Die Notwendigkeit der mehrfach zitierten „Restrukturierung der Unternehmensorganisation" kann (ohne *Restrukturierung*) mit dem Hinweis veranschaulicht werden, dass Hierarchien krank machen oder hohe Kosten verursachen. Gesundheit und Geld interessieren fast alle. Und wenn zu einem Vortrag über die *Stadt im Mittelalter* überwiegend Unternehmerinnen und Broker kommen, empfiehlt sich eine Anleihe beim Bestseller-Autor Michael Crichton: In *Timeline* langweilen sich zwei Börsenmakler während der Ausführungen einer Wissenschaftlerin über das Mittelalter. Als diese jedoch Städte als *gewinnträchtige Einkaufszentren* des 14. Jahrhundert beschreibt, horen die beiden Broker sofort interessiert zu.
- Auf *Prominente* zurückgreifen. Sie können einen Vortrag über die Rekrutierung politischer Eliten in der Demokratie mit Schumpeters Definition beginnen, wonach Demokratie „diejenige Ordnung der Institutionen (ist), bei welcher einzelne die Entscheidungsbefugnis vermittels eines Konkurrenzkampfes um die Stimmen des Volkes erwerben". Und Sie können mit der Frage beginnen, wie Angela Merkel, Gerhard Schröder oder Joseph Fischer Spitzenpolitiker wurden. Ich rate zur zweiten Variante – und dazu, sich für die Zeit Ihres Vortrags als prominent zu fühlen. Zwanzig, vierzig oder mehr Menschen sind zu *Ihrem* Vortrag gekommen: *Sie* sind (für einige Zeit) wer. Deshalb stoßen Ihre Erfahrungen (potentiell) auf Publikumsinteresse.

Es geht bei populärwissenschaftlichen Vorträgen nicht darum, krampfhaft ein Beispiel aus der räumlichen *Nähe* des Publikum zu suchen oder um jeden Preis ein kurioses oder ein Beispiel mit *Unterhaltungs- oder Neuigkeits-*

wert einzubauen. Es geht beim populärwissenschaftlichen Vortrag nicht um *Infotainment*. Es geht darum, dass die Zuhörerinnen und Zuhörer Ihr Vortrag interessieren muss. Niemanden sonst. Der Wein muss dem Kunden schmecken, nicht dem Winzer.

3 „Die Diskussion ist eröffnet"

Vier Szenen aus dem Hochschulalltag. Drei habe ich beobachtet, die erste ist einem spannenden Erfahrungsbericht einer Wissenschaftlerin entnommen.

1. Der Vorsitzende der Berufungskommission eröffnet die Aussprache mit der Bewerberin um eine C4-Professur mit folgender Aufforderung: „Definieren Sie doch bitte einmal den Begriff *Struktur.*"(Curruca 1993: 111).

2. Ein Gutachter der Deutschen Forschungsgemeinschaft (DFG) im Anschluss an den Vortrag eines Doktoranden: „Ich sehe einmal von den Schwächen Ihrer Argumentation ab und möchte zwei Fragen zu den von Ihnen präsentierten Daten stellen: ..."

3. Ein Kongress über *Avantgarde und Moderne.* Die Romanistin A, frisch promoviert, hält ihren ersten Vortrag vor großem Publikum. Die erste Wortmeldung kommt von Professor B, der den Kongress ausgerichtet hat: „Ich habe den Eindruck, dass Ihre – zugegeben: sehr anregende – Analyse die Dialektik von Teil und Ganzem nicht berücksichtigt."

4. Ein Doktorand eines Graduiertenkollegs über *Bildung in der Frühen Neuzeit* zu seiner Kollegin: „Ich habe den Eindruck, dass Du die neuere französische Literatur nicht berücksichtigt hast."

Ein kleiner Ausschnitt aus dem Frage- und Bewertungsrepertoire von (Nachwuchs-)Wissenschaftlerinnen und Wissenschaftlern. Solche Zumutungen sind nicht die Regel; aber auch nicht die Ausnahme. Es gibt Professorinnen und Professoren, die sachlich urteilen. Es gibt Kolleginnen und Kollegen, die ernsthafte Fragen stellen, weil sie an den Ergebnissen oder Methoden interessiert sind, die in einem Vortrag vorgestellt wurden. Doch das Interesse an der Sache ist im Wissenschaftsbetrieb nicht das einzige Leitkriterium. Nicht allen Diskussionsteilnehmerinnen und Diskussionsteilnehmern geht es um Erkenntniszuwachs. Mancher sieht Diskussionen als „Kampf" um „Sieg" oder „Niederlage" oder als Bühne der Selbstdarstellung. Manche gibt gerne die Dentistin und will anderen „auf den Zahn fühlen".

Deshalb ist es nützlich, für Diskussionen gewappnet sein. *Wappnen* klingt zwar kriegerisch, aber ich stelle auf den folgenden Seite keine *Waffen* für den *Kampf* mit Worten vor. Im Mittelpunkt stehen vielmehr der *souveräne* und *gelassene* Umgang mit Fragen und Kritik, *strukturiertes* Argumentieren und die Frage, welche „Weichmacher" Sie vermeiden sollten, welche „Verstärker" Sie einsetzen können, um nicht überhört zu werden. Hinweise zur Leitung einer Diskussion schließen das Kapitel ab.

3.1 Nach dem Vortrag: Fragen und Kritik

Sie haben einen Vortrag gehalten. Jetzt sind Ihre Zuhörerinnen und Zuhörer dran – mit Fragen und Kritik. Auf eine solche Situation bereiten Sie sich *inhaltlich* gut vor. In diesem Abschnitt erfahren Sie, was Sie noch tun können, um die Diskussion über Ihren *Vortrag* gelassen zu meistern und in Gesprächen mit Berufungs- oder Auswahlkommissionen Fragen zur *Person* souverän zu beantworten.

3.1.1 *Sie* antworten: Umgang mit Fragen

Eine Fachhochschule in Niedersachsen: Probelehrveranstaltung, Vortrag und Diskussion, sind vorüber. Die Berufungskommission zieht sich mit dem Bewerber um eine C3-Professur zurück. Der Kommissionsvorsitzende ruft zunächst die wichtigsten Stationen aus dem Lebenslauf des Bewerbers in Erinnerung und fordert dann zu Fragen auf. Die Frauenbeauftragte stellt die erste Frage: „Hat Ihnen Ihr Vortrag gefallen?" Einige Zeit später fragt ein Student: „Halten Sie immer solche Vorträge?"

1. Richtig „hören" und sich nicht rechtfertigen

Zwei Fragen. Wir können allerdings auch Kritik hören. Frauenbeauftragte: *Das war ja wohl nichts!* Student: *Langweilen Sie eigentlich immer Ihre Zuhörerinnen und Zuhörer?*

Was wir hören, liegt in unserer Verantwortung. Ein Beispiel: Ein Ehepaar fährt mit dem Auto in den Urlaub. Die Frau fährt auf der Autobahn 130. Mann: „Du, hier gilt Tempo 100."
Frau: „Fährst Du oder fahre ich?"
Offenkundig hat die Frau Kritik an ihrem Fahrstil gehört (*Du fährst zu schnell*). Oder Sie hört die Nachricht *Ich muss Dir immer noch sagen, wie man richtig fährt*. Die Frau könnte „Du, hier gilt Tempo 100" auch wörtlich nehmen und antworten: „Ich weiß" (oder: „Das habe ich übersehen; danke für den Hinweis").[1]

---

[1] Zu den verschiedenen Aspekten einer „Nachricht" vgl. ausführlicher Schulz von Thun (1989).

Zurück zur Fachhochschule: Die Frauenbeauftragte hat nicht gesagt, „Fanden Sie ihren Vortrag auch so schlecht?" Und die Frage des Studenten lautete nicht: „Halten Sie immer so langweilige Vorträge?" Deshalb gibt es keinen Grund, diese Nachrichten zu hören. Als Empfehlung formuliert: Nehmen Sie Fragen, die keine expliziten Wertungen enthalten, wörtlich. Das erleichtert Ihnen das Antworten erheblich.

„Hat Ihnen Ihr Vortrag gefallen?" Ich wiederhole den Vorschlag, den ich bereits in der Einleitung gemacht habe:

- „Ja."

Warum sollte der Bewerber, wenn er im Vortrag das gesagt habt, was er sagen wollte, seine Leistung schmälern oder sich verteidigen? Und Eigenlob – zum Beispiel: „Ja, das war eine brillante Analyse" – ist auch nicht angebracht.

„Halten Sie immer solche Vorträge?" Die Frage des Studenten ist unverständlich. Was sind *solche* Vorträge? Wenn eine Frage unverständlich ist, bittet man um Erläuterung:

- „Was meinen Sie mit *solche* Vorträge?"
- „Ich verstehe nicht, was Sie mit *solche* Vorträge meinen."

Jetzt ist der Student wieder an der Reihe. Nehmen wir an, er sagt: „Na, so abstrakt." Das *klingt* nach Kritik. Der Satz muss aber nicht notwendig so *gehört* werden. Was ist mit *abstrakt* gemeint? *Abstrakt, theoretisch* oder *kompliziert* sind häufig unpräzise Bewertungen. Sie können zutreffen, und sie können Ausdruck mangelnder Anstrengungsbereitschaft derer sein, die dieses Wertung vornehmen. Es gibt daher keinen Anlass, sich zu rechtfertigen oder zu entschuldigen. Der Student hat sich unpräzise ausgedrückt. Die angemessene Reaktion ist deshalb eine – selbstbewusste – Nachfrage:

- „Meinen Sie mit *abstrakt* die theoretische Verdichtung eines komplexen Sachverhalts?"

Fragen als Fragen und Bewertungen als eine Meinung „hören", über die man sich auseinandersetzen kann – diese Haltung schützt davor, eine ungünstige und anstrengende Rechtfertigungs- oder Verteidigungshaltung einzunehmen, in die Rolle der oder des Angeklagten zu schlüpfen.

Ein Beispiel aus dem Ehealltag: Es ist Sonntagabend. Herr Beck sagt zu seiner Frau: „Das ganze Wochenende hast Du Dich nur mit Deinem Aquarium beschäftigt." Frau Beck rechtfertigt sich: „Ist ja überhaupt nicht wahr! Ich habe eingekauft, gekocht und den Kindern bei den Hausaufgaben geholfen!"

Richtig „hören" heißt: Der Mann übertreibt und sagt nicht, worum es ihm geht. Deshalb sollte er nicht aus der Verantwortung entlassen werden, sich präzise auszudrücken:

- „Ja, ich habe mich mehrere Stunden mit dem Aquarium beschäftigt."

Jetzt ist Herr Beck wieder an der Reihe. Ist er enttäuscht, dass seine Frau ihm nicht mehr Aufmerksamkeit geschenkt hat, soll er *das* sagen. Darüber lässt sich ein vernünftiges Gespräch führen.

Ich übertrage dieses Beispiel auf den Wissenschaftsbereich. Nach Ihren Vortrag stellt Ihnen jemand die Scheinfrage: „War das nicht viel Empirie auf Kosten der Theorie?" (oder umgekehrt). Meine Empfehlung: Bestätigten Sie – selbstbewusst – das, was zutrifft:

- „Ich lege großen Wert darauf, meine Aussagen empirisch abzusichern" (theoretisch zu fundieren).

Kurz: Widerstehen Sie der Tendenz, nur mit dem „Kritik-Ohr" zu hören und sich deshalb unnötig zu rechtfertigen. Das ist die erste Voraussetzung für einen gelassenen und souveränen Umgang mit Fragen und Kritik.

2. Sie müssen nicht schlagfertig sein

Die zweite Voraussetzung lautet: sich nicht den Zwang auferlegen, schlagfertig sein zu müssen. Werden Ihnen Fragen gestellt, müssen Sie weder „wie aus der Pistole geschossen" antworten noch immer passend „kontern".

Diese Haltung hilft, gelassen zu bleiben. Gelassenheit hält den Kopf frei für sachliche Antworten – mit denen Sie in Diskussionen Pluspunkte sammeln. Ein *Schlag*abtausch kann eine Diskussion spannend machen. Sympathie für die Kontrahenten weckt er in der Regel nicht. Schlagfertige Menschen haben vielleicht ehrfürchtige Gegnerinnen oder neidvolle Bewunderer – aber wenige Freundinnen und Freunde. Wer in einer Diskussion auf Kosten anderer „Punkte macht", bezahlt das mit der Sympathie der Unterlegenen. Und das bringt Sie vor allem dann nicht weiter, wenn die Unterlegenen über Ihren Antrag oder Ihre Bewerbung entscheiden.

Stellen Sie sich nicht unter Schlagfertigkeits-Druck, sondern nehmen Sie sich Zeit für eine sachliche Antwort. Eine Pause signalisiert,

- Sie denken nach, um keine oberflächlichen Antworten zu geben,
- Sie stehen nicht unter Druck.

Denkpausen sind souverän.

Zusätzliche Zeit zum Nachdenken können Sie sich verschaffen, indem Sie

1. Einen Überbrückungssatz formulieren:
- „Lassen Sie mich kurz nachdenken, um Ihre Frage so konkret wie möglich beantworten zu können."

2. Ihre Antwort gliedern:
- „Ihre Frage spricht drei verschiedene Aspekte an. Ich will zunächst auf
  … eingehen, dann auf … und schließlich auf die Frage nach …"

3. Schmeicheln:
- „Das ist eine sehr wichtige (interessante, spannende, zentrale) Frage."
- „Es freut mich, dass Sie das fragen, denn …"

4. Eine Gegenfrage stellen:
- „Können Sie Ihre Frage etwas präziser (konkreter) formulieren?"
- „Wie meinen Sie das?"
- „Was verstehen Sie unter *Neuer Mitte*?"

5. Die Frage analysieren:
- „Ihre Frage enthält eine Voraussetzung (einen Gegensatz), die ich nicht
  teile. Ich gehe aber gerne auf das angesprochenen Problem ein."
- „Wenn ich recht sehe, haben Sie drei Fragen gestellt. Ich antworte
  zunächst auf die aus meiner Sicht wichtigste Frage: …"

6. Zunächst Fragen sammeln und dann in der Reihenfolge antworten, die
   Ihnen am leichtesten fällt.

Bereitet Ihnen eine Frage Schwierigkeiten, haben Sie vier Antwort-Mög-
lichkeiten:

1. Die Frage *einengen*: „Ich beantworte Ihre Frage an einem konkreten Beispiel."

2. Die Frage *ausweiten*: „Ich erlaube mir, Ihre Frage in einen größeren Zusammenhang einzuordnen."

3. Die Frage *weitergeben*: „Ich bin Expertin für Makroökonomie. Frau Prof.
   Schneider weiß sicher eine Antwort auf diese Frage. Sie ist ausgewiese-
   ne Expertin für *Controlling*."

4. Schließlich können Sie *passen*: Sie können und müssen nicht alles wissen.
   Geben Sie eine Wissenslücke zu. Versuchen Sie nicht sich herauszure-
   den. Ausflüchte provozieren meist weitere Fragen, die „in die gleiche
   Kerbe hauen".

3. Nehmen Sie's nicht persönlich

Es gibt Fragen, bei denen klar zu hören ist, hier geht es nicht um die Sache,
das Thema, sondern diese Frage soll verunsichern – zum Beispiel:
- „Ist das eine ernsthafte These?"
- „Meinen Sie das wirklich?"
- „Sind Sie da ganz sicher?"

Was tun? Unsachliche Fragen nicht persönlich nehmen. Die Fragende hat vielleicht schlecht geschlafen, oder der Fragende hat Schwierigkeiten mit kompetenten Menschen. Das sind Probleme der Fragenden. Warum sollten *Sie* sich von den Macken oder der schlechten Laune anderer Menschen abhängig machen? Diese Einsicht schont die Nerven und spart Energie; sie beugt zudem vor, unter Niveau zu reagieren und mit gleicher Münze heimzuzahlen. Wer mit dem Kaminkehrer ringt, wird schwarz – egal, ob er oder sie gewinnt oder verliert. Das heißt mit Blick auf die drei rhetorischen Fragen: Antworten Sie schlicht und souverän: „Ja" – und Sie gewinnen die Sympathie aller Anwesenden.

Diese Empfehlung ist nicht mit der Aufforderung verbunden, Ihren Gefühlen keine Beachtung zu schenken. Sprechen Sie es an, wenn unsachliche Fragen und Bewertungen in einer Diskussion nicht die Ausnahme, sondern die Regel sind: „*Mir* missfällt der Diskussionsstil. *Ich* habe nicht mehr den Eindruck, dass es um den Inhalt meiner Thesen geht, sondern darum, mir Unzulänglichkeiten nachzuweisen."[2]

In einer emotional belastenden Situationen ist es besonders schwer, schlagfertig zu reagieren – und die „richtige" Antwort fällt häufig erst später ein. Die Folge: Man regt sich noch einmal auf oder schlimmer noch: Die Situation bleibt lange im Gedächtnis und nagt am Selbstwertgefühl. Deshalb ist es ratsam, das anzusprechen, was stört, um

- *in der Situation* die Denkblockade zu durchbrechen, die durch eine emotionale Beeinträchtigung entsteht,
- sich *im Anschluss* nicht vorwerfen zu müssen, ich habe mich nicht angemessen gewehrt (versagt).[3]

Richtig „hören", nicht schlagfertig sein *müssen* und Polemik nicht persönlich nehmen – was heißt das für eine Reaktion auf die vier Aussagen, die ich zu Beginn dieses Kapitels zitiert habe? Um diese Frage geht es unter anderem auf den nächsten Seiten. Zuvor noch ein Hinweis: Wenn Sie während eines Vortrags oder Diskussionsbeitrags durch Fragen *unterbrochen* werden, können Sie

- die Fragen beantworten oder übergehen,
- darauf hinweisen, dass Sie Fragen erst im Anschluss an Ihren Vortrag oder Diskussionsbeitrag beantworten möchten,
- versprechen, dass die Frage im Laufe des Vortrags beantwortet wird.

---

[2] Achten Sie darauf, Ihre Kritik nicht als Vorwurf zu formulieren („*Sie* interessieren sich ja überhaupt nicht für meine Thesen, sondern wollen mich nur …").
[3] Ich komme auf dieses Thema zurück (S. 108 ff.).

Wenn Sie einen Einwand übergehen und durch einen Zwischenruf darauf hingewiesen werden, sollten Sie diese Tatsache bestätigen: „Das ist richtig. Ich bin gerade dabei, mein These zu begründen, dass ...".

3.1.2 Ruhig Blut bei Kritik

Ich werde nach einem Vortrag darauf hingewiesen werde, dass ich einen wichtigen neuen Aufsatz von ABC, erschienen in Journal für XYZ, nicht berücksichtigt habe. Mit diesem Versäumnis habe ich keine *Schuld* auf mich geladen. Wenn ich dafür kritisiert werde, bedeutet das keine *Ablehnung meiner Person*. Vielmehr erhalte ich eine wichtige Rückmeldung, die dazu führt, dass ich diesen *Fehler* nicht wiederhole. Für dieses Versäumnis rechtfertige ich mich nicht. Wegen dieses Fehlers geht die Welt nicht unter, denn ich mache schon mein ganzes Leben Fehler.

Ich *entschuldige* mich bei einem Freund, wenn ich zu einer Verabredung eine Stunde zu spät komme:

* „Es tut mir Leid, dass ich zu späte komme, ..."

Und einem Freund *erkläre* ich auch, warum ich zu spät komme:

* „... ich bin in eine Verkehrskontrolle geraten."

Wenn ich einen Aufsatz übersehen habe, sage ich:

* „Den habe ich übersehen (noch nicht gelesen)" oder:
* „Gut, dass Sie mich darauf hinweisen".

Das reicht.

Schuld und Sühne ist ein großer Tolstoi-Stoff. Umgang mit Kritik, die Reaktion auf Fehler, Irrtümer und Versäumnisse ist ein anders Thema. Dieser Hinweis ist mir deshalb wichtig, weil ich auf *zutreffende* Kritik nicht weiter eingehe, sondern mich auf ein schwierigeres Feld begebe: unklare, versteckte, manipulative Kritik.[4]

Drei der vier eingangs zitierten Aussagen sind unklare, manipulative Kritik:

1. „Ich habe den Eindruck, dass Ihre – zugegeben: sehr anregende – Analyse die Dialektik von Teil und Ganzem nicht berücksichtigt."

---

[4] Sie haben den Fehler bemerkt: *Schuld und Sühne* ist von Dostojewskij. Würde ich nach einem Vortrag darauf hingewiesen, dass ich Tolstoi und Dostojewskij verwechselt habe, wäre mir das peinlich. Und das würde ich sagen: „Das ist mir peinlich." Das reicht. Den Rest mache ich mit mir ab. Über mein Innenleben spreche ich nur in kleinem Kreise mit guten Freundinnen und Freunden.

2. „Ich habe den Eindruck, dass Du die neuere französische Literatur nicht berücksichtigt hast."

3. „Ich sehe einmal von den Schwächen Ihrer Argumentation ab und möchte zwei Fragen zu den Ihnen von präsentierten Daten stellen: ..."

Wolf Wagner nennt die erste Aussage *Dialektik-Rutsche* und die zweite *Literatur-Schraube* (1985: 5). Beide Aussagen gehören zur Kategorie der *Mängel-Rüge*, zu der noch folgende Gemeinheiten zählen:

- „... aber das müsste viel differenzierter angegangen werden." (*Differenzierungs-Spachtel*)
- „... aber Sie hätten den internationalen Aspekt stärker berücksichtigen müssen." (*Aspekt-Zwicke*)
- „Das ist ja sehr originell, aber ich kann die Relevanz für das Thema nicht sehen." (*Relevanz-Klatsche*)

Die *Mängel-Rüge* beruht auf einem einfachen Trick : Es wird auf Mängel verwiesen, die nicht präzise benannt werden. Das macht es leicht, andere zu kritisieren. Auch wenn ich nichts von *Avantgarde und Moderne*, von *Bildung in der Frühen Neuzeit* oder *Geschäftsprozess-Management* verstehe, kann ich anderen vorhalten, dass

- der internationale Aspekt hätte stärker berücksichtigt werden müssen,
- das Thema viel differenzierter behandelt werden müsste oder
- die Relevanz der Thesen (Daten, Fragestellung) für das Thema nicht deutlich wurde.

Wie können Sie souverän und gelassen reagieren? Zunächst gilt: Nehmen Sie die Kritik nicht persönlich, rechtfertigen Sie sich nicht, und zahlen Sie nicht mit gleicher Münze heim („Das musst Du gerade sagen! Dein Vortrag letzte Woche hatte doch weder Hand noch Fuß!"). Dann können Sie gelassen zwischen drei verschiedenen Antwort-Mustern wählen, die eine Gemeinsamkeit haben: Stets wird die eigene Leistung unterstrichen.

1. Den Einwand überhören – und die eigene Leistung herausstellen

„Ich habe den Eindruck, dass Ihre – zugegeben: sehr anregende – Analyse die Dialektik von Teil und Ganzem nicht berücksichtigt."

Eine Antwort nimmt Bezug auf das, was gesagt wurde. Sie haben allerdings die Wahl, auf welchen Teil einer Aussage Sie sich beziehen wollen. Und Sie sollten, wenn es um die Diskussion Ihres Vortrags geht, jede Chance nutzen, Ihre Leistungen hervorzuheben:

- „Es freut mich, dass Sie meine Analyse anregend finden. Mir war es besonders wichtig herauszustellen, dass ..."

„Das ist ja sehr originell, aber ich kann die Relevanz für das Thema nicht sehen."

- „Danke für das Kompliment. Ich bringe noch einmal auf den Punkt, worin meines Erachtens die Originalität meiner Arbeit besteht."

2. Nachfragen – und die eigene Leistung herausstellen

„Ich habe den Eindruck, dass Du die neuere französische Literatur nicht berücksichtigt hast."

Sie können jeder Variante der „Mängel-Rüge" mit einer Nachfrage begegnen. Heben Sie vor der Frage Ihre Leistung hervor. Und machen Sie dann die schöne Erfahrung, dass Bluffer ins Stottern geraten.

- „Ich habe gezeigt, dass … Welche Auffassungen finden sich dazu in der französischen Literatur?"

„… aber das müsste viel differenzierter angegangen werden."
- „Ich habe demonstriert, dass … An welcher Stelle sehen Sie die Notwendigkeit einer Differenzierung?"

„… aber Sie hatten den internationalen Aspekt stärker berücksichtigen müssen."
- „Ich habe bewiesen, dass … Wie darf ich vor diesem Hintergrund Ihren Hinweis interpretieren?"

Nachfragen ist Pflicht, wenn mit *Andeutungen* gearbeitet wird: „Ich sehe einmal von den Schwächen Ihrer Argumentation ab und möchte zwei Fragen zu den Ihnen von präsentierten Daten stellen: …"

Die Fragen nach den Daten sind zunächst uninteressant: Wer nur die Fragen beantwortet, akzeptiert die Andeutung als Fakt. Mit dem zitierten Satz konfrontierte ein DFG-Vertreter im Rahmen der Evaluation eines Graduiertenkollegs einen Doktoranden. Der Doktorand beantwortete die zwei Fragen, hakte aber nicht nach, was mit *Schwächen der Argumentation* gemeint sei. Damit waren in der folgenden halben Stunde die *Schwächen der Argumentation* eine ausgemachte Sache – und viele Diskussionsteilnehmerinnen und Diskussionsteilnehmer eröffneten ihre Beiträge mit der Formulierung, „Auf die Schwächen der Argumentation von …. wurde ja bereits hingewiesen." Deshalb bei Andeutungen über Schwächen oder Ungereimtheiten stets umgehend fragen:

- „Welche Schwächen?"
- „Können Sie das präzisieren?"
- „Welche Ungereimtheiten meinen Sie?"

Solche Nachfragen bringen alle ins Schwimmen, denen es nicht um eine sachliche Kritik geht, sondern um Einschüchterung. Hat eine Argumentation tatsächlich – präzise zu beschreibende – Schwächen, ist das kein Drama. Und es ist immer besser zu wissen, woran man ist, als eine Andeutung über Schwächen im Raum stehen zu lassen.

3. Aus Vorwürfen Vorzüge machen – und die eigene Leistung herausstellen

„Sie passen sich auf Kosten des wissenschaftlichen Niveaus doch zu sehr dem Geschmack eines breiten Publikums an."

Man kann in jeder Suppe ein Haar entdecken. Man kann Ihnen vorhalten, Sie hätten in Ihrem Vortrag zu viel oder zu wenig Daten präsentiert; Sie hätten die Problemgenese zu knapp oder zu ausführlich referiert. *Anything goes* und fast jeder Vortrag lässt sich verbessern. Das wissen vernünftige Menschen. Deshalb nehmen sie oft ungeprüft eine Bewertung als Kritik an. Es geht auch anders: Sie haben sich Mühe gegeben, einen guten Vortrag auszuarbeiten. Deshalb ist der Vortrag – bis zum Beweis des Gegenteils – *gut*:

- „Mir ging es vor allem um den Nachweis, dass … Es freut mich, wenn meine Ausführungen verständlich und anschaulich waren."
- „Die sorgfältige empirische Fundierung von Aussagen halte ich für unerlässlich." (Oder: „Ich wollte Sie nicht mit Zahlen langweilen. Ich liefere gerne die Daten nach, die Sie noch interessieren.")

Und was ist mit der Aufforderung an die Bewerberin um eine C4-Professur, den Begriff *Struktur* zu definieren? Die Wissenschaftlerin nahm die Zumutung nicht persönlich. Sie durchschaute, das ist ein Machtspiel. Der Vorsitzende der Berufungskommission will mir zeigen, dass er hier der Chef ist. Ihre Haltung: Sei's drum, ich will die Professur, also definiere ich *Struktur*. Ich schlage vor, auf die Aufforderung zunächst mit „gerne" zu reagieren und vor der Definition eine kurze Pause einzulegen. Warum?

4. Wenn nötig, Stoppsignale setzen

Ein Vorstellungsgespräch ist eine asymmetrische Gesprächssituation. Diese Tatsache sollte man einerseits *nicht persönlich nehmen*. Jede Bewerberin und jeder Bewerber ist von den Entscheidungen anderer abhängig. Andererseits ist es wichtig, *Grenzen zu ziehen*: Ich bin kein kleines Licht, dass sich schnell auspusten läßt. Deshalb *kann* – wenn die Mittel nicht mehr greifen, die ich auf den vorangegangenen Seiten vorgestellt habe – ein ironisches *gerne* notwendig sein. Diese *gerne* ist kein Kontern, kein mit gleicher Münze Heimzahlen und kein persönlicher Angriff. *Gerne* signalisiert: Bitte nicht noch mehr Fragen auf dem Niveau einer Vordiplom-Prüfung.

Solche Grenzziehungen sind vor allem dann notwendig, wenn in Diskussionen versucht wird, Sie aus dem Kreis der ernst zu nehmenden Gesprächspartnerinnen oder Bewerber heraus zu definieren. Drei Muster sind zu diesem Zwecke beliebt.

Wissenschaftlichkeits-Hammer

„Ihre Thesen halten einer wissenschaftlichen Betrachtung nicht stand."
„Das ist ja wohl starker feministischer Tobak."

Der zweite Satz lässt sich noch mit einer Nachfrage beantworten – in der Hoffnung, dass dann ein sachlicher Einwand formuliert wird:

* „Wie meinen Sie das?"
* Was ist für Sie *starker feministischer Tobak*?"

Der erste Satz und die folgenden Sätze erfordern eine Grenzziehung – keine Rechtfertigung, keine Angriffe, sondern wohldosierte Ironie:

* „Ich habe nachgewiesen (gezeigt, belegt), dass ... Und ich habe bis heute angenommen, dass Ex-cathedra-Urteile der Vergangenheit angehören."[5]

Selbstbekehrung

„Ich war, liebe (junge) Kollegin, früher auch Ihrer Auffassung, aber ..."
„Mit ging es wie Ihnen, werter (junger) Kollege, bevor ich ..."

Die Selbstbekehrung unterstellt unausgesprochen, Sie seien nicht lernfähig bzw. würden überholte Positionen vertreten. Mein Antwort-Vorschlag:

* „Das ist ein interessanter Meinungswandel. Ich bin nach wie vor der Auffassung, dass ... *weil* ..."

Status-Vorwurf

„Vor dem Hintergrund Ihres langjährigen Engagements als Frauenbeauftragte können wir wohl von einer sehr subjektiven Beobachtung sprechen."
„Als Schüler eines Keynesianers sind Sie wohl kaum in der Lage, die Voraussetzungen für ... nüchtern einzuschätzen."

Wer keine Argumente hat, greift gerne zu einem alten Trick: Man wertet eine Feststellung oder These mit dem Verweis auf die Person ab, die diese Aussage trifft. Weisen Sie darauf hin, dass von der „Quelle" einer Aussage nicht auf deren Güte geschlossen werden kann:

* „Ich habe gezeigt, dass ... Im Hinweis auf mein Amt als Frauenbeauftragte sehe ich keine schlüssige Gegenthese."
* „Es geht nicht um meinen Doktorvater, sondern um meine These, dass ..."

---

[5] Nicht persönlich werden: „Wie kamen Sie zum Definitionsmonopol über Wissenschaft?"

Sie wissen: Wie man in den Wald hineinruft, so schallt es heraus. Ironie bzw. Schärfe sind nicht erste, zweite oder dritte Wahl. Zunächst gilt:

1. nicht jede Frage und Bewertung mit dem „Kritik-Ohr" hören,
2. sich nicht unter Schlagfertigkeits-Druck setzen,
3. die Eigenheiten und Unfreundlichkeit anderer nicht persönlich nehmen.

Grenzziehungen können notwendig sein. Aber erst dann – und nur dann –, wenn Sie wirklich sicher sind, dass andere die Grenzen des Zumutbaren überschritten haben.

Ich habe im ersten Kapitel Autorinnen kritisiert, die raten, sich auf *unvorhersehbare* Situationen vorzubereiten (S. 9). Sie können nicht auf alle möglichen (und unmöglichen) Fragen und Einwände vorbereitet. Sie haben jedoch gute Chancen, Diskussionen gelassen und souverän zu bestreiten, wenn Sie richtig „hören", auf sachliche Argumente statt aufs Kontern setzen und dreimal überlegen, bevor Sie eine Frage, Kritik oder Verhaltensweise anderer persönlich nehmen. Das gilt besonders für Fragen zur Person.

3.1.3 Keine Angst vor Fragen zur Person

Sie haben sich beworben und werden eingeladen. Haben Sie sich um eine Professur beworben, ist die Einladung stets mit der Aufforderung verbunden, einen Vortrag zu halten oder eine Probelehrveranstaltung durchzuführen. Sie sind noch nicht so weit (oben)? Dann *kann* es sein, dass von Ihnen ein Vortrag von zwanzig bis dreißig Minuten erwartet wird. Worauf es dabei ankommt, habe ich im zweiten Kapitel erläutert. Die Fachdiskussion über den Vortrag haben Sie gemeistert. Nun kommen *Sie* zur Sprache.

Mit sich kennen Sie sich gut aus. Oder? Machen Sie einen kleinen Test: Fassen Sie in 90 Sekunden die wichtigsten beruflichen Stationen Ihres Lebens prägnant zusammen.

Haben Sie *Fakten, Fakten, Fakten* vorgetragen? Ein konzentriertes Leistungs„abstract", in dem nichts fehlt? Ein solches *abstract* sollten Sie für jedes Bewerbungsgespräch neu formulieren – und vor dem Gespräch mindestes einmal laut sprechen. In der schriftlichen Bewerbung haben Sie zwar alle Qualifikationen (übersichtlich) aufgeführt; Sie können aber nicht davon ausgehen, dass alle Mitglieder einer Bewerbungs- oder Berufungskommission diese Qualifikationen präsent haben. Und auch dann, wenn Sie nicht einleitend aufgefordert werden, kurz die wichtigsten Stationen Ihres Lebens in Erinnerung zu rufen, ist es nützlich, wenn *Ihnen* präsent ist, dass Sie Ihr Diplom „mit Auszeichnung" gemacht, summa cum laude promoviert haben, dass Sie diese Zusatzqualifikationen und jene Lehrerfahrungen nachweisen können, dass Sie …

Außerhalb der Hochschule wird, zumal wenn Personalberater an dem Bewerbungsgespräch teilnehmen, direkt gefragt, warum gerade Sie die richtige Frau oder der richtige Mann für die ausgeschriebene Stelle sind. Im Wissenschaftsbetrieb gilt diese Frage als „unfein" – trotzdem haben alle diese Frage im Kopf.

Werden Sie aufgefordert, kurz Ihre beruflichen Stationen zu schildern, ist das eine gute Chance, Einfluss auf die weiteren Fragen zu Ihrer Person zu nehmen. In diesen 90 Sekunden (es dürfen auch zwei Minuten sein) können Sie die Akzente setzen, die deutlich machen, dass Sie nicht nur alle Voraussetzungen erfüllen, sondern aufgrund Ihrer

- fachlichen Ausrichtung,
- Spezialisierung,
- thematischen Breite,
- Forschungsschwerpunkte,
- Lehrerfahrungen
- usw.

auch gut in den Fachbereich, das Institut, die Arbeitsgruppe usw. passen.

Selbstverständlich

- werden Sie – gerne – an den neuen Ort Ihre Forschung und Lehre umziehen – zumal X sehr reizvoll gelegen ist (Y die Ruhe bietet, die intensive Forschung erfordert, Sie das See- oder Almklima mögen);
- unterstützt Ihr Partner (Männern wird eine entsprechende Frage nicht gestellt) den Umzug;
- sind Ihre Kinder (auch Fragen dieser Art werden exklusiv an Frauen gerichtet) gut versorgt und kein Hindernis, sich mit aller Kraft zu engagieren,
- können Sie Ihre wissenschaftstheoretische Position kurz und präzise umreißen;
- bringen Sie die Bereitschaft mit, sich an der akademischen Selbstverwaltung zu beteiligen;
- haben Sie bewusst eine halbe Stelle gesucht, um genügend Zeit für die Forschung zu haben. Deshalb ist eine halbe Stelle für Sie keine Übergangslösung, und Sie sind nicht „auf dem Sprung" nach einer vollen Stelle;
- können Sie den Stand Ihres Habilitationsverfahrens in wenigen Sätzen präzise beschreiben.

Einige Seiten zuvor habe ich geraten, Vorwürfe als Vorzüge zu interpretieren (S. 108). Dieses Reaktionsmuster ist auch bei Fragen zur Person nütz-

lich, wenn aus Ihren Stärken ein Zweifel an Ihrer Eignung formuliert wird.
Ein Beispiel: Ein Freund von mir bewarb sich um eine Fachhochschulpro-
fessur. Im Gespräch mit der Berufungskommission wurde er gefragt: „Sie
haben lange Jahre geforscht, viel publiziert und zwei Semester eine C4-Pro-
fessur vertreten; glauben Sie wirklich, dass eine FH-Professur mit 18 Stunden Lehre für Sie das Richtige ist?"

Das ist eine Frage, die nach einer *Gerade-weil-Antwort* verlangt:

- „Ja. Gerade weil ich viel über … geforscht habe, habe ich den notwendigen Background für qualifizierte Lehre. Und das mir die Vertretung einer C4-Professur übertragen wurde, belegt meines Erachtens, dass ich in
  der Lehre versiert bin. Und nicht zuletzt: Ich lehre gerne."

Je mehr Qualifikationen Sie vorweisen können, um so wichtiger ist das Ge-
rade-weil-Antwortmuster (das auch ohne die Worte *gerade weil* auskommt):

- „Ich bin nicht *überqualifiziert*, sondern ich bringe die erforderlichen Qualifikationen mit, um gut Arbeit zu leisten. Und darauf kommt es doch
  an."

Sie können dieses Antwortmuster mit Hilfe einer vietnamesischen Weisheit
modifizieren, wenn Ihr Lebenslauf „Ausfallzeiten" aufweist: „Umwege erhöhen die Ortskenntnis." Weil Sie

- vor dem Studium eine Banklehre gemacht haben, kennen Sie den Alltag
  in der Finanzwelt,
- sich um zwei Kinder gekümmert haben, sind Sie belastungsfähig und
  können ohne Hektik disparate Anforderungen bewältigen,
- zunächst vier Semester Sprachwissenschaft studiert haben, können Sie
  souverän formulieren; eine Fähigkeit, die in Betriebswirtschaft vor allem
  in den Bereichen Marketing und Personalführung immer wichtiger
  wird.

Schließlich kennen Sie keine Probleme, sondern nur Herausforderungen:
Dass zum Beispiel ein Studiengang erst aufgebaut werden muss, ist sehr
reizvoll; organisatorische Arbeiten schrecken Sie nicht.

Sie können noch mehr gefragt werden – in Berufungsverfahren zum Beispiel:

- „Welche Projekte bringen Sie mit?"
- „Haben Sie Erfahrungen in der Einwerbung von Drittmitteln?"
- „Was wären Ihre ersten Schritte?"
- „Auf der C3-Stelle müssen Sie ohne Ausstattung auskommen. Wie ge-
  hen Sie mit dieser Situation um?"
- „Haben Sie Erfahrungen mit Massenveranstaltungen?"

Was immer Sie gefragt werden:

- Nehmen Sie sich Zeit für Ihre Antwort,
- antworten sie so lange wie nötig und so kurz wie möglich; vermeiden Sie Monologe und Weichmacher,
- bleiben Sie freundlich, und denken Sie daran: Wer nach allen Seiten lächelt, bekommt Falten.

Und wenn es keine Fragen mehr gibt? Dann haben Sie noch Fragen – Fragen, die

- zeigen, dass Sie sich über Ihr potentielles Aufgabenfeld – Lehrangebot, Studienanforderungen, Praktika usw. – sachkundig gemacht haben;
- Ihnen die Möglichkeit geben, sich ins rechte Licht zu rücken: „Sehen Sie in meinen Verbindungen zu Unternehmensberatungen eine Chance, das Praktikumsangebot für Studierende zu erweitern?"

Wenn Sie sich ein Leben ohne Forschung und Lehre vorstellen können, wenn Sie sich auf Stellen außerhalb des Wissenschaftsbetriebs bewerben – dann finden Sie unter *www.kienbaum.de* nützliche Tipps für Bewerbungsgespräche.

3.2 Nicht überhört werden, Zumutungen abwehren

Szenenwechsel: Sie stehen nicht mehr – wie auf den vorangegangenen Seiten unterstellt – im Mittelpunkt der Diskussion, sondern sind eine Teilnehmerin oder ein Teilnehmer unter anderen.

Unverändert bleibt meine Prämisse: Sie sind fachlich versiert; Sie verstehen etwas von der Materie, über die diskutiert wird. Das ist eine notwendige Voraussetzung, um bestimmt und selbstsicher aufzutreten. Was ist noch erforderlich, um nicht überhört zu werden, um sich mit prägnanten Beiträgen an einer Diskussionen zu beteiligen? Dreierlei:

1. eine angemessene Struktur für gute Argumente;
2. Signale, die Ihre Kompetenz unterstreichen;
3. ein souveräner Umgang mit Störungen.

Darum geht es im folgenden. Eine Bemerkung vorab: Eine Diskussion ist mehr als die Summe einzelner Meinungsäußerungen. Diskussionen haben einen Inhalt, über den diskutiert wird, und Diskussionen sind ein Prozess, der von den Beteiligten bewusst oder unbewusst gesteuert wird. Auf beide Dimensionen, auf *was* und *wie* diskutiert wird, können Sie Einfluss nehmen. Je früher Sie etwas sagen, desto geringer ist die Gefahr, dass Sie den Einstieg verpassen, und desto nachhaltiger können Sie das Klima und Niveau einer Diskussion beeinflussen. Reden Sie nicht nur „zur Sache" im engeren Sinne. Engen Sie Ihre Beteiligungsmöglichkeiten nicht ein. Sie können und sollen

1. Vorschläge zum Vorgehen machen: Wie soll vorgegangen, in welcher Reihenfolge sollen die verschiedenen Aspekte eines Themas behandelt werden?

2. Den Diskussionsverlauf ansprechen: Schlagen Sie vor, zum Thema bzw. Problem zurückzukommen, wenn Sie den Eindruck haben, dass die Diskussion „aus dem Ruder läuft".

3. Strukturieren: Geben Sie Diskussion eine Richtung, indem Sie Meinungen zusammenfassen, auf Unterschiede und Gemeinsamkeiten hinweisen, Standpunkte verbinden oder Argumente weiterentwickeln.

4. Zustimmung oder Ablehnung äußern: Sagen Sie, ob und warum Sie einer Auffassung insgesamt oder nur zum Teil (nicht) zustimmen. Denn wenn *Sie* das sagen, ist das wichtig.

5. Fragen stellen: Fragen machen deutlich, dass Sie mitgedacht haben. Wenn Sie bei unverständlichen Diskussionsbeiträgen fragen, was gemeint ist, können Sie sicher sein: Sie sprechen auch im Interesse der anderen Teilnehmerinnen und Teilnehmer (und bringen gelegentlich einen Bluffer ins Schwitzen).

6. Informationen und Schlussfolgerungen prüfen: Weisen Sie darauf hin, wenn Sie den Eindruck haben, dass Informationen unvollständig oder nicht korrekt, Schlussfolgerungen nicht schlüssig und folgerichtig sind.

7. Konsequenzen abwägen, die Machbarkeit von Vorschlägen prüfen: Kommentieren Sie, welche Konsequenzen sich aus einer Schlussfolgerung oder einem Vorschlag ergeben. Wägen Sie ab, ob alle Vor- und Nachteile bedacht wurden, ob die Voraussetzungen zur Umsetzung eines Vorschlags gegeben sind.

3.2.1 Vom Ziel her denken

Ich will Sie, anknüpfend an die Überlegungen zur Vorbereitung eines Vortrags (vgl. S. 23 ff.), für einen ebenso schlichten wie wichtigen Grundsatz gewinnen: Am Anfang allen Nachdenkens über einen Diskussionsbeitrag steht der Zweck bzw. das Ziel des Beitrags.

Viele Diskussionsteilnehmerinnen und Diskussionteilnehmer gehen anders vor. Sie beschäftigen sich zunächst mit einem guten Diskussions*einstieg* und verwenden viel Energie darauf, sich den ersten Satz zurechtzulegen. Die Folge: Kommen sie zu Wort, nimmt ihr Einstieg keinen Bezug auf den aktuellen Diskussionsverlauf; sie beginnen also nicht situationsadäquat. Und ihr gesamter Beitrag ist häufig unstrukturiert, weil er nicht zielorientiert aufgebaut ist.

Vor allem aus dieser Beobachtung resultiert die Empfehlung, sich zunächst zu fragen, was ist das Ziel meines Diskussionsbeitrags, was will ich erreichen? Besteht darüber Klarheit, ist die Voraussetzung für eine strukturierte Argumentation gegeben. Dann geht es um Argumente, um Belege und Begründungen. An diesem Punkt sind *Sie* Expertin bzw. Experte. Erst zum Schluss geht es um die Frage, wie kann ich an die bisherige Diskussion anknüpfen, situationsangemessen beginnen? Ich empfehle also folgenden Denkplan:

Denkplan		
Erster Schritt:	Schluss	= Zweck/Ziel
Zweiter Schritt:	Hauptteil	= Begründung
Dritter Schritt:	Einleitung	= Anknüpfung/Einstieg

Abb. 22: Diskussionsbeitrag: Denkplan

Am Anfang der *Überlegungen* steht das Ziel eines Diskussionsbeitrags und am Ende der Beginn eines Beitrags. Umgekehrt steht am Anfang des *Diskussionsbeitrags* der Einstieg und am Ende der Zweck- bzw. Zielsatz. Das ergibt folgenden Redeverlauf:

Redeverlauf		
Erster Schritt:	Einleitung	= Anknüpfung/Einstieg
Zweiter Schritt:	Hauptteil	= Begründung
Dritter Schritt:	Schluss	= Zweck/Ziel

Abb. 23: Diskussionsbeitrag: Redeverlauf

Zwei Muster für „klassische" Argumentationsziele und den daraus folgenden Argumentationsaufbau:

1. Vorschlag, Problemlösung
Steht eine Problemlösung, ein Vorschlag im Vordergrund, bietet sich für den Hauptteil folgende Argumentationsstruktur an:

- Situationsbeschreibung: Wie ist der augenblickliche Zustand? Wie war die Situation bisher?
- Perspektive: Wie sollte es sein? Welcher Zustand soll erreicht werden? Wie sieht eine bessere Situation aus?
- Lösungsmöglichkeiten: Wie kann das Ziel erreicht werden?

Die gesamte Argumentation hat dann folgende Struktur:

Denkplan	Argumentation	Redeverlauf
3. Schritt: Einstieg ↑	**Einleitung** Auf die Situation, auf die ZuhörerInnen bezogener Einstieg	1. Schritt: Einstieg ↓
2. Schritt: Begründung ↑	**Hauptteil** 1. Situationsbeschreibung: Was war, was ist? 2. Perspektive: Wie sollte es sein? 3. Lösungsmöglichkeiten: Wie ist das zu erreichen?	2. Schritt: Begründung ↓
1. Schritt: Zweck, Ziel des Diskussions- beitrags	**Schluss** Problemlösung, Vorschlag: Das ist zu tun oder: So soll vorgegangen werden oder: Das ist (sind) meine Forderung(en)	3. Schritt: Zeck, Ziel des Diskussions- beitrags

Abb. 24: Argumentationsstruktur Problemlösung

2. Standpunkt

Steht die Begründung eines Standpunkts im Vordergrund, können Sie Ihrer Argumentation folgende Struktur geben:

Denkplan	Argumentation	Redeverlauf
3. Schritt: Einstieg ↑	**Einleitung** Behauptung	1. Schritt: Einstieg ↓
2. Schritt: Begründung ↑	**Hauptteil** 1. Beleg(e) 2. Beispiel(e)	2. Schritt: Begründung ↓
1. Schritt: Zweck, Ziel	**Schluss** Standpunkt/Schluss- folgerung	3. Schritt: Zweck, Ziel

Abb. 25: Argumentationsstruktur Standpunkt begründen

Mehr als drei Beispiele sind zuviel des Guten: Die Zuhörenden verlieren entweder den roten Faden oder schalten ab.

Entwickeln Sie Ihre Argumentation in der Auseinandersetzung mit den Beiträgen anderer Teilnehmerinnen und Teilnehmer, werden in der Einleitung deren Meinungen oder Vorschläge aufgegriffen. Die Einleitung besteht dann aus zwei Teilen: Argumentation aufgreifen und eine Behauptung entgegenstellen. Drei Beispiele:

1. Widerspruch äußern
   * Anknüpfung: Der Kanzler hat sich dafür ausgesprochen, die Drogenszene vor der Universität „mit aller Härte" aufzulösen.
   * Behauptung: Ich meine, dieser Vorschlag ist eine schlechte Mischung aus einem Plädoyer für Polizeiwillkür und dem Motto „Heiliger Sankt Florian, verschon mein Haus, zünd andere an."

2. Meinungen, Vorschläge verbinden
   * Anknüpfung: Wir haben zwei Thesen gehort. These 1 lautet: Die deutsche Universität ist „im Kern verrottet." In der Gegenthese wird die Auffassung vertreten, die deutsche Universität sei „im Kern gesund".
   * Behauptung: Meine Synthese lautet: Die Hochschulen haben keinen „Kern" mehr. Sie sind daher weder „kerngesund" noch „im Kern verrottet". Die Hochschulen sind vielmehr – damit greife ich These 1 auf – sowohl reformbedürftig als auch – damit greife ich These 2 auf – reformfähig.

3. Standpunkte verbinden und weiterentwickeln
- Anknüpfung: Autor A betont die Notwendigkeit, sich zu Beginn des Studiums mit den Standards wissenschaftlichen Arbeitens vertraut zu machen. Autorin B will Studierende ermutigen, neugierig und respektlos an die Wissenschaft heranzugehen.
- Behauptung: Ich meine, beide Auffassungen sind (a) sind keine Gegensätze und müssen (b) ergänzt werden.

Beenden Sie Ihren Diskussionsbeitrag nach dem „Zwecksatz". Fügen Sie nichts mehr hinzu, wenn Sie Ihre Problemlösung oder Aufforderung, Ihren Standpunkt oder Ihre Schlussfolgerung genannt haben. Sie verringern die Wirkung Ihrer Argumentation, wenn Sie ein unbedeutendes Beispiel oder eine nebensächliche Bemerkung nachschieben.

3.2.2 Keine Unsicherheitssignale senden

Jede Kommunikation hat eine Inhalts- und eine Beziehungsdimension (vgl. S. 100). Mit dem Inhalt einer Mitteilung wird zugleich – durch Formulierungen, den Tonfall oder nonverbale Signale – eine Beziehung zu den Gesprächspartnern oder Diskussionsteilnehmerinnen hergestellt.

1. Weichmacher vermeiden

Es gibt eine Fülle von Formulierungen, mit denen Sie die Wirkung Ihrer Diskussionsbeiträge schmälern können, weil sie als Unsicherheits-Signale aufgenommen werden. Was Ihnen als höfliche Formulierung erscheint, kann auf andere wie eine Demutsgeste wirken. Auf fünf Weichmacher weise ich hin. Da sie oft unbewusst verwendet werden, führe ich viele Formulierungsbeispiele zur Selbstüberprüfung an: Gehören solche Formulierungen zu Ihrem Sprachrepertoire?

Weichmacher werden oft unbewusst verwendet; aber viele registrieren sie bewusst – als Einladung, eine Aussage nicht wichtig zu nehmen, einen Vorschlag zu überhören. Genauer: Wenn zwei das Gleiche sagen, ist es – in der Wirkung – nicht dasselbe. Die Weichmacher, die ich anführe, werden gewöhnlich überhört, wenn sie von Wissenschaftlerinnen und Wissenschaftler formuliert werden, denen der Status einer Autorität oder Koryphäe zugeschrieben wird. Wenn in einer Diskussion der Status der Beteiligten erst ausgelotet wird, wenn Autorität sich erst im Verlauf der Diskussion herstellt bzw. eingeräumt wird – dann sind Weichmacher ein Klotz am Bein.

1. Fragen statt Aussagen
- Diese These ist doch nicht haltbar, *nicht wahr?*
- Ist das nicht eine unzulässige Verallgemeinerung?

Wenn Sie wissen möchten, ob eine These haltbar ist, stellen Sie eine Frage. Wenn Sie der Auffassung sind, dass sie nicht haltbar ist, vertreten Sie Ihre Meinung:

- „Ich meine, dass diese These nicht haltbar ist, weil …“.
- „Ich halte das für eine unzulässige Verallgemeinerung.“

Diese Formulierungen sind angemessen und selbstbewusst. In die Kategorie der Weichmacher, die signalisieren, *Ich brauche Zustimmung*, gehören auch:
- Könnte es nicht sein …?
- Meinst du nicht auch …?
- Sollten wir nicht besser …?

2. Demutskonjunktiv
   - Ich würde sagen, Marx geht es an diesem Punkt um …
   - Ich fände es besser, …
   - Eigentlich wollte ich …

In „Ich *würde*“-Sätzen wird der Konjunktiv falsch eingesetzt. Ein Sprachschnitzer ist kein Problem; die unausgesprochene Botschaft ist problematisch: *Gestatten Sie mir, dass ich das sage. Ich bin bereit, es jederzeit anders zu sehen.* Sprechen Sie würde-los:
- „Ich meine, Marx geht es …“
- „Ich finde es besser …“
- „Ich möchte (meine) …“

3. Wer bin ich denn schon? Entschuldigungen
   - Ich bin keine Expertin auf diesem Gebiet.
   - Das ist nur so eine Idee vor mir.
   - Mehr fällt mir dazu nicht ein.
   - Ich meine bloß.
   - Ich weiß ja nicht, ob das jetzt passt (dazugehört).
   - Ich bin mir nicht hundertprozentig sicher, ob …
   - Es tut mir leid, aber ich kann keinen Zusammenhang zwischen … sehen.
   - Vielleicht bringt uns das nicht weiter, aber …

Schwächen Sie Ihre Aussagen nicht ab, indem Sie sich oder Ihre Meinung abwerten oder kleinmachen. Mit Dementi dieser Art untergraben Sie Ihre Autorität und laden zur Kritik ein. Machen Sie unmissverständlich deutlich, *dass* Sie etwas zu sagen haben:
- „Ich mache folgenden Vorschlag …“ (statt *Das ist nur so eine Idee vor mir*).
- „So weit meine Überlegungen zu diesem Punkt.“ (statt *Mehr fällt mir dazu nicht ein*).

- „Ich sehe keinen Zusammenhang zwischen ..." (statt: *Es tut mir leid, aber ich kann ...*).

4. Darf ich auch was sagen?
   - Wenn ich auch einmal etwas dazu sagen darf.
   - Ich würde gerne einmal fragen ...

Beginnen Sie einen Diskussionsbeitrag nicht mit einer einleitenden Bitte um das Rederecht. Dieses Recht steht Ihnen zu. Sprechen Sie einleitungsfrei. Wenn Sie höflich sein möchten, dann richtig:

   - „Das ist eine *interessante* These. Ich stimme ihr in einer Hinsicht nicht zu: ..."
   - Das sind *spannende* Befunde. Haben Sie auch Daten über ... erhoben?"

Höflichkeits*floskeln* und der Demutskonjunktiv wirken wenig souverän.

5. Wir statt ich
   - Müssten wir nicht erst klären, ob ...?
   - Vielleicht sollten wir ...
   - Wir sollten wieder zum Thema zurückkommen.

In diesen Aussagen wird die eigene Person versteckt; Meinungen werden als Frage formuliert. Selbstbewusst wirken Aussagen, wenn die Sprecherin oder der Sprecher Verantwortung übernimmt und sich keine Rückzugsmöglichkeiten offen hält:

   - „*Ich* möchte, dass wir zum Thema zurückkommen."
   - „*Ich* meine, wir müssen erst klären, ob ..."

Es gibt noch weitere Varianten des Verzichts auf die erste Person:
   - namhafte *Experten* haben herausgefunden,
   - neue *Untersuchungen* belegen,
   - der *Stand der Forschung* zeigt.

Die Vermeidung des Personalpronomens *Ich* mag ein Kennzeichen wissenschaftlichen Stils sein. In Diskussionsbeiträgen macht ein *Ich*, meine ich, Eindruck.

2. Verstärker einsetzen

Wer Weichmacher vermeidet, gewinnt Zeit für Verstärker, die einem Diskussionsbeitrag Nachdruck verleihen und dazu beitragen, nicht überhört zu werden. Mit Verstärker meine ich weder zusätzliche Hilfsmittel noch rhetorische Tricks – und schon gar nicht herrisches Auftrumpfen oder Belehrungen. Mit Äußerungen wie „Wie Ihnen bekannt sein dürfte ..." oder: „Ich darf ja wohl voraussetzen, dass Dir ... bekannt ist" verstärken Sie allenfalls Vorbehalte. Verstärker sind die sprachlichen Signale, die Ihre Thesen, Ihre Argumente und Schlussfolgerungen zum Klingen bringen.

Die drei wichtigsten Verstärker habe ich bereits im zweiten Kapitel vorgestellt:

1. problemstrukturierende Begriffe (vgl. S. 41)
   In Diskussionen verleihen vor allem folgende Strukturierungskategorien Ihrem Beitrag Nachdruck: Behauptung, Begründung, Standpunkt, Schlussfolgerung.
   - „Ich *behaupte* ... Diese Behauptung *begründe* ich ...“
   - „Aus diesen Überlegungen *ziehe* ich den *Schluss* ...“
   - „Ich komme daher zu dem *Ergebnis* (der Schlussfolgerung) ...“
   - „Diese Argumente verdichte ich in der *These* ...“
2. Kurze, prägnante Sätze (vgl. S. 36)
   Wer „in Absätzen“ spricht, hat es schwer, angemessen zu betonen. Ein klarer Satzbau und kurze Sätze sind gute Voraussetzungen, um eindringlich sprechen und Wichtiges deutlich hervorheben zu können.
3. Konkrete Beispiele, anschauliche Formulierungen (vgl. S. 38 f.)
   Visualisieren Sie Ihre Diskussionsbeiträge mit Worten: mit Vergleichen, Bildern, Analogien. Kopfkino sorgt für Aufmerksamkeit.

Die wichtigsten nonverbalen Verstärker habe ich ebenfalls im zweiten Kapitel vorgestellt (vgl. S. 61): Blickkontakt halten und gerade sitzen, die Unterarme auf dem Tisch, damit Sie Ihren Beitrag mit Gesten unterstreichen können.

Der „Brustton der Überzeugung“ kommt zustande, wenn Sie

- mal lauter, mal leiser sprechen (aber immer gut hörbar),
- mal langsamer, mal schneller sprechen (aber nie zu schnell),
- Pausen machen.

3.2.3 Hausrezepte gegen Vielredner und Sticheleien

Mit mir diskutiere ich am liebsten. Mit mir bin fast (fast) immer einig. Ernsthaft: Meinungsverschiedenheiten sind, wenn sie sachlich ausgetragen werden, kein Problem. Wissenschaft lebt von Kontoversen und entwickelt sich im Meinungsstreit. Diskussionen, der Austausch von Argumenten und der Streit um Meinungen können ein wichtiges Mittel des Erkenntnisgewinns sein. Können.

Verlaufen Diskussion anders, kommt es vor allem darauf an, weder in missmutiges Schweigen zu verfallen noch so viel Unmut zu „tanken“, dass man nur noch heftig reagieren kann. Beschreiben Sie – rechtzeitig – präzise, was Sie aus welchen Gründen stört und was geändert bzw. wie weiter verfahren werden soll:

- „Wir haben verabredet, heute unsere Exkursion nach Stockholm zu planen. Wir haben nur noch zwanzig Minuten Zeit und sind immer noch beim zweiten Tagesordnungspunkt. Ich beantrage, die Diskussion zu diesem Punkt jetzt zu beenden, damit noch genügend Zeit bleibt, die Exkursion vorzubereiten."
- „Herr Müller-Blankenburg, Sie unterbrechen mich zum dritten Mal. Ich möchte ungestört ausreden können. Bitte halten Sie sich an die Redeliste, und unterbrechen Sie mich nicht mehr."

Und wenn Vielredner, Dauerkritiker oder Definitionsverliebte am Tisch sitzen? Sagen Sie ihm oder ihr freundlich, wie *Sie* sich eine gelungene Diskussion vorstellen.

1. Sagen Sie, was Sie wollen

Vielredner: Machen Sie deutlich, dass Sie noch andere Meinungen hören möchten, verweisen Sie auf das Ziel der Diskussion, wenn jemand ein Steckenpferd reitet statt zur Sache zu reden. Sie können zudem eine formale Regelung vorschlagen, zum Beispiel eine Begrenzung der Redezeit:

- „Ich verstehe, dass Sie an dieser Frage sehr interessiert sind. Trotzdem bitte ich Sie, die Diskussion über diesen Punkt zu beenden, weil wir viele wichtige Fragen noch nicht angesprochen haben."
- „Ich möchte noch weitere Argumente hören und bitte Sie, zunächst andere Teilnehmerinnen und Teilnehmer zu Wort kommen zu lassen."
- „Herr Rethmeyers Engagement ist mit Appellen nicht zu bremsen. Deshalb schlage ich vor, dass wir eine Redeliste führen, an die sich alle halten müssen."

Dauerkritiker: In Diskussionen gibt es fast immer einen Teilnehmer oder eine Teilnehmerin, die alles kritisieren und jeden Vorschlag ablehnen (in „jeder Suppe ein Haar entdecken"). Fragen Sie ihn oder sie nach Vorschlägen bzw. Alternativen:

- „Was schlagen Sie vor?"
- „Wie würden Sie es machen?"

Sie können auch nach dem Ziel des Dauerkritikers, nach dem Interesse der Dauerkritikerin fragen:

- „Ich habe den Eindruck, vor Ihren Augen besteht kein Argument. Deshalb interessiert mich, welchen Sinn Sie in der Diskussion sehen."
- „Welches Ziel verfolgen Sie mit Ihrer Kritik?"

Definitionsverliebte: Manche Zeitgenossen haben eine Vorliebe für Fragen nach Begriffen und Definitionen: „Was verstehen Sie (eigentlich) unter …?" „Welche Bedeutung hat für Sie der Begriff …?" „Wie definieren Sie …".

Diese Vorliebe kann Ergebnis der Lektüre eines schlechten Rhetorik-Buches sein, in dem die Definitionen-Abfrage empfohlen wird:

> „Zwingen Sie Ihren Gesprächspartner, seine Begriffe zu definieren. Sie werden feststellen, wie leicht er in Verwirrung gebracht werden kann. Wer kann schon unangreifbare Definitionen angeben?" (Ruhleder 1982: 201)

Weisen Sie Definitionsverliebte und Begriffe-Abfrager darauf hin, dass es *Ihnen* um die Klärung einer Frage, um das Verständnis eines Problems geht und nicht um Definitionswissen oder Begriffsbestimmungen. Oder fragen Sie nach dem Sinn der Fragen. Wenn Sie sich examiniert fühlen, sagen Sie es:

- „Bei allem Respekt vor Ihrer Vorliebe für Definitionen, mir geht es im Moment darum ..."
- „Ich halte es mit Ludwig Marcuse: *Die meisten Definitionen sind Konfessionen.*"
- „Warum ist eine Definition so wichtig?"
- „Ich habe den Eindruck, Sie wollen mich examinieren. Das stört mich."

2. Mit widersprechenden Antworten irritieren

Und wenn diese Anstrengungen vergeblich sind? Wenn sich im Laufe der Diskussion das Gefühl einstellt, *das ist mir wirklich zu blöd?* Dieses Gefühl kann ein Fluchthelfer sein: Andere werden dafür verantwortlich gemacht, dass man es nicht schafft, nachdrücklich die eigene Meinung zu äußern oder zu widersprechen. Und dieses Gefühl kann ein zutreffendes Urteil unterstützen: Es lohnt *wirklich* nicht, sich hier ein Bein auszureißen. Für diese Situation stelle ich Ihnen ein Hausrezept vor.

Das Mittel, ein Nerventonikum, weist Parallelen zu Naturheilverfahren auf: Es ist nicht ausreichend wissenschaftlich begründet – aber es hilft oft. Das Mittel heißt *widersprechende Antworten*.

- *Anwendungsgebiet:* Fruchtlose Diskussion, die ohne große Anstrengung so bestritten werden sollen, dass man mit dem eigenen Verhalten zufrieden ist.
- *Wirkung:* Widersprechende Antworten führen zur Irritation von Diskussionsteilnehmerinnen und Diskussionsteilnehmern, die durch häufiges Nörgeln, Besserwissen und dadurch auffallen, dass sie ein Faible für Sticheleien haben.
- *Gegenanzeigen:* Widersprechende Antworten sollten nicht eingesetzt werden, wenn man nicht damit umgehen kann, dass Nörgler oder Besserwisser irritiert schweigen.
- *Wechselwirkungen* mit anderen Kommunikationsmitteln sind nicht bekannt.

- *Dosierung*: In der Regel genügen zwei widersprechende Antworten pro Diskussion.
- *Zusammensetzung*: Widersprechende Antworten bestehen aus je 50 % Durchblick und 50 % Selbstbewusstsein: Ich muss nicht alles mitmachen und mich nicht auf jedes Niveau herablassen. Ich kann mit den Folgen meines Handelns umgehen.
- *Gegenanzeigen*: Widersprechende Antworten dürfen bei Unverträglichkeit mit einem der Inhaltsstoffe nicht angewendet werden.

Und dies sind einige widersprechende Antworten, die Sie mit einer direkten Ansprache beginnen können: „Was meinen Sie ..."

1. Ist es sinnvoll, den Gesprächsstil anderer zu imitieren?"
2. Ist ein Witz den Preis wert, den seine Opfer zahlen?"
3. Welche Alternativen gibt es zu nichtssagenden Floskeln?"
4. Welchen Platz hat der Kampfgeist in einer Diskussion?"
5. Ist es sinnvoll vorzugeben, etwas verstanden zu haben, wenn man es nicht verstanden hat?"
6. Ist es peinlich, seine Meinung aufgrund einer Diskussion zu ändern?"[6]

Widersprechende Antworten gehen nicht auf den Inhalt von Sticheleien, verqueren Fragen oder unsachlichen Urteilen ein. Das ist Ziel und Risiko zugleich. Widersprechende Antworten signalisieren ohne ein unfreundliches Wort: *Dieser Stil ist unter meinem Niveau.* Das Risiko: Die oder der so Angesprochene kann dieses Signal nicht interpretieren. Das ist dann ein Problem, wenn auch die anderen Diskussionsteilnehmerinnen und Diskussionsteilnehmer die Intention Ihrer widersprechenden Antworten nicht hören. Deshalb: Vorsicht.

Den widersprechenden Antworten ähnlich ist das Mittel „überraschendes Kompliment", das Barbara Berckhan empfiehlt. Reagieren Sie auf wiederholte Sticheleien, unsachliche Kritik oder polemische Fragen mit einem Kompliment:

- „Ich mag Ihren Humor."
- „Sie sind ein wundervoller Gesprächspartner. Bleiben Sie so." (1995: 226)

3. Fünf Hinweise für Leserinnen

An Diskussionen beteiligen sich Männer und Frauen – mit unterschiedlichen Voraussetzungen.[7]

---

[6] Anregungen für weitere widersprechende Antworten dieser Art finden Sie in Zeldins *Wie ein gutes Gespräch Ihr Leben bereichert* (1998).

[7] Die folgenden Hinweise auf das Sprachverhalten der Geschlechter sind keine Hinweise auf Personen. Ich vereinfache in praktischer Absicht: Mir geht es um Hin-

1. Männer sind anders

a) Die meisten Frauen signalisieren ihren Gesprächspartnerinnen und Gesprächspartnern, dass sie zuhören: Sie schauen sie an, nicken mit dem Kopf usw. Männer sind mit solchen Signalen zurückhaltender. Aus diesem Unterschied im Gesprächsverhalten können sich Missverständnisse ergeben: Ein Mann ist verwundert, wenn eine Frau in der Diskussion mit dem Kopf nickt und ihm dann widerspricht. Frauen hingegen schließen aus dem Fehlen von Zuwendungssignalen: Der Mann hört mir überhaupt zu. Das Wissen um diese Differenz hilft, nicht von Ablehnung oder Desinteresse auszugehen, wenn die Signale ausbleiben, die Sie für angemessen halten.

b) Männer gehen in Diskussionen meist von festen Positionen aus, die sie hartnäckig verteidigen. Frauen formulieren ihre Positionen gewöhnlich offener, nicht als endgültige Meinung, sondern als Angebot zum gemeinsamen Weiterdenken. Offenheit, Impulse zum Weiterdenken geben – das ist eine wissenschaftliche Tugend. Damit diese Tugend in Diskussionen nicht zum Standortnachteil wird, sollten Weichmacher strikt vermieden werden.

2. Männer haben einen Bonus

Männer haben (nicht nur) in Diskussionen einen Bonus. Ihre Beiträge werden mehr beachtet als die von Frauen, ihre Vorschläge finden eher Zustimmung. Männer machen von diesem Bonus regen Gebrauch: Sie reden mehr als Frauen. Das Klischee von der geschwätzigen Frau und dem schweigsamen Mann trifft ebensowenig zu wie der bösartige Spruch: „Ein Mann ein Wort, eine Frau ein Wörterbuch". Männer verfügen über ein breites Spektrum von Strategien, Gespräche zu dominieren: Sie

- reden lauter als Frauen;
- sprechen bestimmt, auch wenn sie nicht sicher sind;
- unterbrechen Frauen häufiger als Männer;
- unterbrechen Frauen mit Bemerkungen, die sie gegenüber Männern nicht machen: mit Kommentaren, die sich auf das Aussehen, die Kleidung usw. beziehen.

Und sie stellen Bewertungsfallen auf: Reden Frauen leise und zurückhaltend, werden sie nicht beachtet und nicht ernstgenommen. Sprechen Frauen selbstbewußt und bestehen auf ihrer Meinung, gelten sie als aggressiv oder „unweiblich". Selbst Zurückhaltung kann noch ein Dominanz-Mecha-

---

weise für ein selbstsicheres Auftreten in Diskussionen. Sorgfältige Analysen und empirische Befunde über die Bedeutung der Sprache bzw. des Gesprächsverhaltens für die soziale Konstruktion der Geschlechterdifferenz finden Sie unter anderem bei Helga Kotthoff (1984), Luise F. Pusch (1995), Senta Trömel-Plötz (1996) und Hildegard Schaepper (1997).

nismus sein: Schweigen signalisiert, dass es sich um ein unwichtiges „Frauenthema" handelt: „Lass *das* mal die Frauen regeln." Die folgenden drei Hinweise können helfen, dass dieser Bonus Ihnen das Leben nicht unnötig schwer macht.

3. Für eine gleiche Gesprächsebene sorgen
Wenn ein Mann einen Versuchsballon startet um herauszufinden, ob er Sie von oben herab behandeln kann, ob er Sie ernst nehmen muss – lassen Sie den Ballon platzen. Solche Versuchsballons sind Fragen folgenden Typs: „Sind Sie auch so eine Feministin?" („Haben Sie was gegen Männer?") Geben Sie solche Fragen zurück:

- „Was meinen Sie mit *so eine* Feministin?"
- „Worauf bezieht sich Ihre Frage?"
- „Aus welchem Grunde fragen Sie das?"
- „Welcher Zusammenhang besteht zwischen Ihrer Frage und unserem Thema?"

Machen Sie deutlich, dass Sie nur auf gleicher Ebene kommunizieren, dass Sie sich weder verunsichern noch abwerten oder ausfragen lassen.

4. Männer nicht in Watte packen
Schwächen Sie Ihre Kritik nicht ab, wenn Sie die Meinung oder das Verhalten eines Mannes kritisieren. Kritisieren Sie nicht indirekt, verbinden Sie die Kritik nicht mit Komplimenten, und beziehen Sie sich nicht in die Kritik ein – wie dies Alice Schwarzer mit folgenden Sätzen in einem Streitgespräch mit Rudolf Augstein tat:

- „Sind Sie nicht auch einer der erfolgreichen Männer, die von der Arbeitsteilung zwischen den Geschlechtern profitieren?" (Frage und Kompliment).
- „Unserer Auseinandersetzung hat jegliches Niveau gefehlt" (Einbeziehung der eigenen Person).

Wenn Frau Schwarzer der Auffassung war, dass Herr Augstein von der Arbeitsteilung zwischen den Geschlechtern profitiert und von den Ursachen und Folgen geschlechtsspezifischer Arbeitsteilung keine Ahnung hat – dann heißt *nicht in Watte packen*:

- „Sie profitieren von der Arbeitsteilung zwischen den Geschlechtern."
- „Ihnen fehlt in dieser Frage die Sachkenntnis."

5. Nicht mitlachen: Männer-Witze
Es gibt noch immer Professoren, die gerne Witze erzählen, in denen Frauen abgewertet werden. Das ist mehr als nur unhöflich oder peinlich. Es geht dabei um Überordnung und Unterordnung: Wer darf über wen herziehen, wer darf auf wessen Kosten lachen? Verderben Sie denen, die solche Witze

erzählen, den Spaß: Lachen Sie nicht mit. Sie werden dann vielleicht als humorlos oder prüde gelten. Aber ist das Urteil derer wichtig, die solche Witze erzählen? Sagen Sie diesen Witzbolden, dass Sie solche Witze nicht komisch finden, sondern diskriminierend.

3.3 Eine Diskussion leiten

Sie übernehmen die Leitung einer Diskussion. Was ist zu beachten, damit aus dem Leiten kein Leiden entsteht? Diese Frage steht auf den letzten Seiten im Mittelpunkt. Zwei Vorbemerkungen:

1. *Diskussion* wird im folgenden nicht als Lehrmethode verstanden (vgl. dazu Knoll 1999: 157ff.), sondern als eine Veranstaltung, bei der bestimmte Konventionen zu beachten sind und die Leitung mehr leistet als nur auf die korrekte Reihenfolge der Redebeiträge zu achten.

2. Weil Sie an der Hochschule gute Chancen haben, viele schlechte Vorbilder für eine Diskussionsleitung zu erleben, weise ich auf eine Selbstverständlichkeit hin: Unvorbereitet mag ein Brainstorming gelingen, eine Diskussion, in der erste Überlegungen über Probleme, Ziele oder Arbeitsweisen zusammenzutragen werden sollen. Alle anderen Formen der Diskussion bedürfen der Vorbereitung. Wer die Leitung einer Diskussion übernimmt, braucht Klarheit,

- welches Ziel mit der Diskussion verfolgt wird,
- welche Fragen bzw. Probleme im Mittelpunkt stehen sollen,
- in welcher Reihenfolge diese Fragen und Probleme besprochen werden sollen,
- welche Probleme und Zusammenhänge wie visualisiert werden können,
- wieviel Zeit für die einzelnen Themen bzw. Fragen zur Verfügung steht.

3.3.1 Diskussionen eröffnen und beenden

Zur Einleitung einer Diskussion gehört die Begrüßung der Anwesenden und die Eröffnung der Diskussion. Machen Sie sich zur Maxime, schlicht einzuleiten: „Ich begrüße sie (euch) sehr herzlich und eröffne die Diskussion."

Vermeiden Sie Hinweise auf Selbstverständlichkeiten und tadeln Sie nicht: „Ich freue mich, dass sie alle so pünktlich erschienen sind." Oder: „Leider konnten wir wieder nicht pünktlich anfangen."

Liegt eine *Tagesordnung* vor, folgt die Vorstellung der Tagesordnung: Welche Themen sollen in welcher Reihenfolge behandelt werden, wie lange dauert die Diskussion, wann ist eine Pause vorgesehen. Daran schließt sich die Frage an, ob es Änderungswünsche bzw. Ergänzungsvorschläge gibt. Ist dies der Fall, und ist die Mehrheit für diese Änderungen bzw. Ergänzungen, wird die Tagesordnung entsprechend verändert. (Gibt es keine feste Tagesordnung, sammelt die Diskussionsleitung Vorschläge zur Tagesordnung und zur Reihenfolge, in der die einzelnen Punkte behandelt werden sollen.)

In der Überleitung zur eigentlichen Diskussion wird

1. kurz das (erste) Thema und das Ziel der Diskussion erläutert,
2. das Thema in Teilthemen gegliedert,
3. zu einem Teilthema hingeführt und
4. die eigentliche Diskussion mit einer Frage eröffnet.

Ein Beispiel:

1.) „Wir haben beim letzten Mal vereinbart, uns heute mit der Frage zu beschäftigen ... Ziel unserer Diskussion ist ...
2.) Unser Thema hat verschiedene Aspekte: einen historischen, einen systematischen und einen aktuellen.
3.) Da diese Aspekte zusammenhängen, sollten wir nicht diskutieren, mit welchem Aspekt wir anfangen, sondern gleich in die Diskussion einsteigen. Ich schlage vor, dass wir zunächst ... diskutieren.
4.) Meine Eingangsfrage lautet: Was ...?"

Die Eingangsfrage richtet sich an alle. Sie sollte kurz, verständlich und eine offene Frage sein. Offene Fragen können nicht mit „ja" oder „nein" beantwortet werden: „Wie beurteilen Sie diese Feststellung?" (statt: „Stimmen Sie dieser Feststellung zu?"). Offene Fragen lassen unterschiedliche Antworten zu und geben den Teilnehmerinnen und Teilnehmern einen Spielraum. Anstelle einer Frage kann die Diskussion auch mit einer These eröffnet werden, die zur Stellungnahme herausfordert.

Eine Diskussion wird in drei Schritten beendet:

1. Schlusswort
   Gelegenheit zu einem *Schlusswort* wird gewöhnlich Referentinnen oder den Teilnehmern einer Podiumsdiskussion gegeben.

2. Zusammenfassung (Beschlussfassung)
   - Welche Ergebnisse wurden erzielt?
   - Welche Übereinstimmungen und welche Differenzen haben sich gezeigt?
   - Welche Fragen wurden geklärt und welche blieben offen?
   - Welche Schlussfolgerungen können für die weitere Arbeit gezogen werden?

Die Zusammenfassung sollte so objektiv und sachlich wie möglich sein. Das gilt besonders dann, wenn Abstimmungen folgen, wenn Beschlüsse zu fassen oder Entscheidungen zu fällen sind.

3. Abschluss
Am Ende steht der schlichte – *Dank* an alle Beteiligten: „Ich beende die Diskussion. Vielen Dank für ihre rege Beteiligung. Auf Wiedersehen (gute Heimfahrt, vergnügtes Wochenende)."

3.3.2 Diskussionen in Gang halten

Für eine lebhafte *und* strukturierte Diskussion zu sorgen, ist weitaus schwieriger als die Eröffnung oder der Abschluss einer Diskussion. Auf fünf Anforderungen gehe ich ein.

1 Die Diskussion überschaubar machen

Die Beteiligten können einer Diskussion dann am besten folgen, wenn durch Zwischen-Zusammenfassungen deutlich gemacht wird,

- in welchen Punkten Übereinstimmung besteht,
- wo Differenzen liegen,
- welche Fragen geklärt und welche noch offen sind.

Mit solchen Zwischen-Zusammenfassungen zeigen Sie, das Sie auch fachlich Herr oder Frau des Diskussionsprozesses sind.

2. Ziel und Thema im Auge behalten

In engagiert geführten Diskussionen werden manchmal wesentliche Gesichtspunkte vergessen, oder das Diskussionsziel gerät aus dem Blick. Die Diskussionsleitung hat in einer solchen Situation die Aufgabe,

- an die Themen- bzw. Zielstellung der Diskussion zu erinnern,
- zum Thema zurückzuführen,
- Fragen auszuklammern, die in der Diskussion nicht geklärt werden können,
- die Diskussion zwischen „Eingeweihten" zu verhindern, die über die Köpfe der übrigen Teilnehmerinnen und Teilnehmer hinweg reden.

Mit der Diskussionsleitung wurde Ihnen Autorität übertragen. Mit einer „ordnenden Hand" füllen Sie diese Rolle aus.

3. Hilfestellungen geben

Alle sollten die Chance haben, sich gleichberechtigt an der Diskussion zu beteiligen. Das heißt zum einen: niemanden zu bevorzugen.[8] Das kann zum anderen bedeuten: Teilnehmerinnen und Teilnehmer, die zurückhaltend sind oder denen die Erfahrung mit Diskussionsrunden fehlt, durch Ermunterung und Formulierungshilfen zu unterstützen.

Ermunterung: Wenn Sie den Eindruck haben, jemand möchte etwas sagen, zögert aber, ermuntern Sie die oder den Betreffenden:

- „Frau Schulz, Sie wollten etwas sagen?"
- „Jens, hatten Sie sich gemeldet?"

Vermeiden Sie jedoch direkte Aufforderungen: „Torsten, jetzt sag doch mal etwas." „Frau Becker, von Ihnen habe ich noch gar nichts gehört."

Formulierungshilfen: Springen Sie helfend ein, wenn eine Teilnehmerin oder ein Teilnehmer nach einem treffenden Begriff sucht, wenn ihr oder ihm ein Satz verunglückt. Bieten Sie eine Interpretation an, wenn nicht deutlich wurde, was die betreffende Person meint: „Wenn ich Sie richtig verstanden haben, sind Sie der Meinung, dass …"

Ein stiller Teilnehmer kann müde, eine schweigsame Teilnehmerin kann bedrückt sein. Und es gibt noch mehr gute Gründe, sich *nicht* an einer Diskussion zu beteiligen. Seien Sie deshalb zurückhaltend mit Typisierungen (*Der Schüchterne, Die Schweigerin*), mit Aufforderungen (*Wollen Sie nicht auch was sagen?*) oder wertenden Fragen (*Langweilen Sie sich?*)

4. Stockungen überwinden

Gerät eine Diskussion ins Stocken, können Sie

- die Themen- bzw. Problemstellung noch einmal kurz erläutern,
- den Stand der Diskussion bilanzieren,
- fragen, was an einer weiteren Beteiligung hindert,
- versuchen, durch Fragen die Diskussion wieder in Gang zu bringen.

Hilfreich sind: offene, provokative und Informationsfragen. Nicht zweckdienlich sind banale Fragen (*Wer gewann gestern die Landtagswahlen?*) und Suggestivfragen (*Da wir gerade beim Thema „Werte-Verlust" sind, was halten Sie von „Homoehe"?*). Vorsicht ist geboten bei gezielten Fragen, die viele unangenehm an die Schule erinnern (*Was ist unter „Festungshaft" zu verstehen?*).

---

[8] *Bevorzugung* kann sehr subtil erfolgen. Aus der Unterrichtsforschung ist bekannt, dass man den Status von Mitgliedern einer Lerngruppe ermitteln kann, indem man beobachtet, wie häufig sie von anderen anschaut werden. Schauen Sie deshalb alle Teilnehmerinnen und Teilnehmer einer Diskussion an – vor allem dann, wenn Sie als Lehrende oder Lehrender eine Diskussion leiten.

5. Für einen fairen Diskussionsstil sorgen

Die Diskussionsleiterin hat nicht die Aufgabe, Beiträge zu beurteilen bzw. zu bewerten. Es ist die Aufgabe des Diskussionsleiters, Äußerungen zurückzuweisen, die Unterstellungen oder persönliche Angriffe enthalten: „Bitte unterlassen Sie persönliche Angriffe." Um eine faire Diskussion zu gewährleisten, ist es auch gestattet, unsachliche Teilnehmerinnen oder Teilnehmer zu unterbrechen: „Bitte bleiben Sie sachlich und vermeiden Sie Unterstellungen."

Und was ist mit Chefs?

Ein Forschungs- und Nachwuchs-Kolleg: Doktoranden, Habilitandinnen und der Leiter des Kollegs, Prof. A, diskutieren. Eine Doktorandin hat die Diskussionsleitung übernommen. Zehn Minuten gelingt es ihr, für eine gleichberechtigte Diskussion aller Teilnehmerinnen und Teilnehmer zu sorgen. Dann ist Prof. A nicht mehr zu bremsen: Er unterbricht andere Teilnehmer, hält Monologe – kurz: er ist *ganz der Chef*. Die Diskussionsleiterin bittet Professor A wiederholt, sich an die Redeliste zu halten und andere nicht zu unterbrechen – vergeblich.

Was tun? Das Verhalten von Herrn A nicht persönlich nehmen und keinen Kampf beginnen. Ich habe den Mitgliedern des Kollegs empfohlen, künftig freundlich und mit dezenter Ironie dem Chef die Diskussionsleitung anzubieten: „Herr A, Sie sind heute wieder nicht in Ihrem Engagement zu bremsen. Ich schlage deshalb vor, Sie übernehmen auch noch die Diskussionsleitung." Investieren Sie Ihre Energie in die Lehre und Forschung oder Ihre Freizeit – nicht in Professor A oder andere Chefs.

Literaturverzeichnis

Apel, Hans-Jürgen: Die Vorlesung. Einführung in eine akademische Lehrform. Köln 1999

Bader, Renate, Göpfert, Winfried: Eine Geschichte „bauen". In: Winfried Göpfert, Stephan Ruß-Mohl (Hrsg.): Wissenschafts-Journalismus. Ein Handbuch für Ausbildung und Praxis. 3. Aufl. München, Leipzig 1996, S. 98 – 107

Becker, Howard S.: Die Kunst des professionellen Schreibens. Ein Leitfaden für die Geistes- und Sozialwissenschaften. Frankfurt/Main, New York 1994

Berckhan, Barbara: Die etwas gelassenere Art, sich durchzusetzen. Ein Selbstbehauptungstraining für Frauen. München 1995

Brunner, Stefan: Die Kunst der Beredsamkeit. Süddeutsche Zeitung vom 24.8.1996

Curruca, Sylvia: Als Frau im Bauch der Wissenschaft. Was an deutschen Universitäten gespielt wird. Freiburg 1993

Daxner, Michael: Ist die Uni noch zu retten? Zehn Vorschläge und eine Vision. Reinbek 1996

Drews, Lydia: Der Teufel steckt im Detail. Wie Sie sich selbst und Ihr Publikum mit gezielter rhetorischer Vorbereitung in den Griff bekommen. In: Handbuch Hochschullehre. Bonn 1997. Beitrag H.4.3

Ebeling, Peter: Das große Buch der Rhetorik. o.O., o.J. (1981)

Eco, Umberto: Wie man eine wissenschaftliche Abschlußarbeit schreibt. 6. Aufl. Heidelberg 1993

Feuck, Jörg: Von zweifelhaftem Ruf. Selten ein öffentliches Thema: Die Berufungspolitik als hochschulpolitisches Steuerungsinstrument. Frankfurter Rundschau vom 17.2.2000

Fey, Gudrun: Selbstsicher reden – selbstbewußt handeln. Rhetorik für Frauen. 2. Aufl. Berlin u.a. 1994

Franck, Norbert: Schlüsselqualifikationen vermitteln. Ein hochschuldidaktischer Leitfaden. Marburg 2000

Franck, Norbert: Fit fürs Studium. Erfolgreich reden, lesen, schreiben. 3. Aufl. München 1999

Franck, Norbert: Presse- und Öffentlichkeitsarbeit. Köln 1996

Glaser, Connie M., Smalley, Barbara S.: Erfolgsfaktor Selbstbewußtsein. Reinbek 1998

Goethe, Johann Wolfgang von: Gedenkausgabe der Werke, Briefe und Gespräche. Hrsg. von Ernst Beutler. Zürich und Stuttgart 1948 ff.

Holstegge, Christiane, Liebel, Herrmann J.: Rhetorische Verhaltensempfehlungen – empirisch abgesichert oder nur plausibel? Medienpsychologie 5 (1993) 2, S. 139 – 147

Kaufmann, Jean-Claude: Frauenkörper – Männerblicke. Konstanz 1996

Klüver, Jürgen: Universität und Wissenschaftssystem – Die Entstehung einer Institution durch gesellschaftliche Differenzierung. Frankfurt/Main, New York 1983

Knoll, Jörg: Kurs- und Seminarmethoden. Ein Trainingsbuch zur Gestaltung von Kursen und Seminaren, Arbeits- und Gesprächskreisen. 8. Aufl. Weinheim, Basel 1999

Kotthoff, Helga: Gewinnen oder verlieren? Beobachtungen zum Sprachverhalten von Frauen und Männern in argumentativen Dialogen an der Universität. In: Senta Trömel-Plötz (Hrsg.): Gewalt durch Sprache. Frankfurt/Main 1984, S. 90 – 113

Krämer, Walter: Wie schreibe ich eine Seminar- oder Examensarbeit? Frankfurt/Main, New York 1999

Krüger, Irmtraud T.: Lampenfieber – Die Angst, sich zu blamieren. Psychologie heute, Februar 1993, S. 64 – 71

Kruse, Otto, Jakobs, Eva-Maria: Schreiben lehren an der Hochschule: Ein Überblick. In: Otto Kruse, Eva-Maria Jacobs, Gabriela Ruhmann (Hrsg.): Schlüsselkompetenz schreiben. Konzepte, Methoden, Projekte für Schreibberatung und Schreibdidaktik an der Hochschule. Neuwied, Kriftel 1999, S. 19 – 34

Lehmann, Günter, Reese, Uwe: Die Rede. Der Text. Die Präsentation. Frankfurt/Main u.a. 1998

Meyer-Abich, Klaus Michael: Neue Ziele – Neue Wege: Leitbild für den Aufbruch zu einer naturgemäßen Wirtschaft und Abschied vom Energiewachstum. In: Deutscher Bundestag (Hrsg.): Schlußbericht der Enquête-Kommission „Schutz der Erdatmosphäre – Mehr Zukunft für die Erde – Nachhaltige Energiepolitik für dauerhaften Klimaschutz". Bonn 1995

Meyer zu Bexten, Ermuthe, Brück, Rainer, Moraga, Claudia: Der wissenschaftliche Vortrag. Leitfaden für Naturwissenschaftler und Ingenieure. München, Wien 1996

Möllers, Ralph: Im Namen der Torte. PC Professionell H. 1, 1993, S. 71 – 72

Nietzsche, Friedrich: Sämtliche Werke. Bd. 3 Kritische Studienausgabe. Hrsg. von Giorgio Colli und Mazzino Montinari. München 1980

Pabst-Weinschenk, Marita: Reden im Studium. Ein Trainingsprogramm. Frankfurt/Main 1995

Pusch, Luise F.: Das Deutsche als Männersprache. Aufsätze und Glossen zur feministischen Linguistik. 9. Aufl. Frankfurt/Main 1995

Ruhleder, Rudolf H.: Rhetorik – Kinesis – Dialektik. 2. Aufl. Bad Harzburg 1982

Schaeper, Hildegard: Lehrkulturen, Lehrhabitus und die Struktur der Universität. Eine empirische Untersuchung fach- und geschlechtsspezifischer Lehrkulturen. Weinheim 1997

Schneider, Wolf: Deutsch für Profis. München 1985

Schulz von Thun, Friedemann: Miteinander reden: Störungen und Klärungen. Psychologie der zwischenmenschlichen Kommunikation. Reinbek 1988

Schwarz, Dieter: Nicht gleich den Kopf verlieren. Vernünftiger Umgang mit selbstschädigenden Gedanken. Freiburg 1991

Stary, Joachim: Visualisieren. Ein Studien- und Praxisbuch. Berlin 1997

Trömel-Plötz, Senta: Frauensprache – Sprache der Veränderung. 14. Aufl. Frankfurt/Main 1996

Tucholsky, Kurt: Gesammelte Werke. Hrsg. von Mary Gerold-Tucholsky und Fritz J. Raddatz. Reinbek 1993

Ueding, Gerd: Rhetorik des Schreibens. Eine Einführung. 4. Aufl. Weinheim 1996

Valjavec, Friedrich: Zwischen Korporatismus und Anarchie: Anatomie der Westdeutschen Ethnologie. Kölner Zeitschrift für Soziologie und Sozialpsychologie. Sonderheft 26, 1984, S. 431 – 477

Wagner, Wolf: Uni-Angst und Uni-Bluff. Wie studieren und sich nicht verlieren. Berlin 1992

Wagner, Wolf: Diskussionswaffen. Kassandra H. 4, 1985, S. 5 – 6

Zeldin, Theodore: Der Rede Wert. Wie ein gutes Gespräch Ihr Leben bereichert. München 1999

Sachverzeichnis

Jubiläumsauflage

2000

Theisen
Wissenschaftliches Arbeiten
Technik – Methodik – Form

Von Univ.-Prof. Dr. Dr. Manuel René Theisen
10., völlig neu bearbeitete Auflage. 2000.
XXI, 290 Seiten. Kartoniert DM 25,–
ISBN 3-8006-2628-4   *(WiSt-Taschenbücher)*

Weit mehr als 100.000 Studierende aller Fachrichtungen haben seit 1984 diese Anleitung erfolgreich genutzt. Immer wieder aktualisiert ist der „Theisen" zu dem Standardwerk des wissenschaftlichen Arbeitens geworden.

Die 10. Auflage präsentiert sich in vollständiger Neubearbeitung: Das Internet und der weltweite Computereinsatz haben das wissenschaftliche Arbeiten in allen Phasen revolutioniert. Die Informationsflut ist die aktuelle Herausforderung, nicht mehr die Informationssuche. Die Studierenden brauchen in diesem Dschungel mehr denn je einen verlässlichen Führer und eine konkret umsetzbare Anleitung bei ihren mündlichen und schriftlichen Arbeiten.

Der Text wurde um zusätzliche und neue Erkenntnisse erweitert. Mündliche und schriftliche Prüfungen werden vorgestellt. Die Benotung und Bewertung wird erklärt. Vor Betrug und Täuschung wird gewarnt. Unverändert ist allein das Erfolgsrezept: Der gesamte Text ist von A bis Z selbst ein Musterbeispiel. Zahlreiche technische Fragen werden durch die Textvorlage beantwortet. Alle Ratschläge und Gestaltungshinweise werden begründet, Alternativen kritisch diskutiert.

Der Theisen macht fit für die Anforderungen, die im neuen Jahrtausend an das wissenschaftliche Arbeiten gestellt werden. Das Erfolgskonzept für Ihren Erfolg im Studium!

B/117001

VERLAG
VAHLEN
80791 MÜNCHEN
Fax: (089) 3 81 89-402
Internet: www.vahlen.de
E-Mail: bestellung@vahlen.de

Christian Mehrwald

Data
Warehousing
mit
SAP® BW 7.3

Umfasst SAP® BW 7.3
powered by SAP HANA®

6., komplett überarbeitete Auflage

Dieses Buch fokussiert auf die Bewirt-
schaftung, Speicherung und Bereit-
stellung von Daten durch das SAP BW
und gibt einen fundierten Einblick
in die Architektur des Systems. Als
praxisorientierter Leitfaden und gut
strukturiertes Nachschlagewerk
wendet es sich an SAP-Berater und IT-
Mitarbeiter, die mit der Implementie-
rung eines Data Warehouse auf Basis
des BW-Systems betraut sind. Dabei
wird insbesondere auf die Unterschiede eingegangen, die sich aus einem
Wechsel von herkömmlichen relatio-
nalen Datenbanksystemen zur HANA
Database ergeben.

2013, 780 Seiten, Festeinband
€ 74,90 (D)
ISBN 978-3-86490-037-2

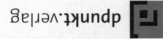
dpunkt.verlag

Wieblinger Weg 17 · 69123 Heidelberg
fon 0 62 21/14 83 40
fax 0 62 21/14 83 99
e-mail hallo@dpunkt.de
http://www.dpunkt.de